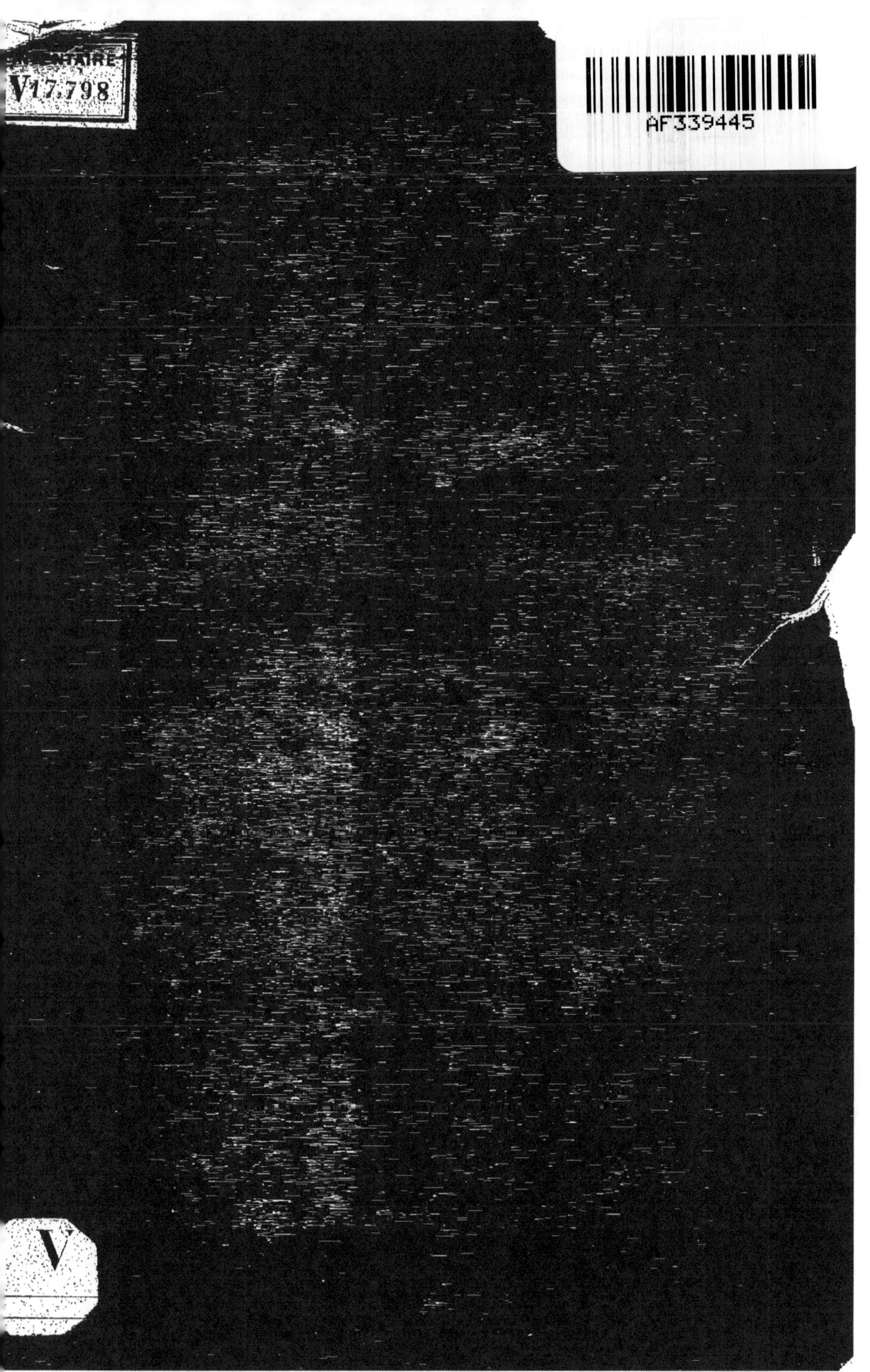

UNION CENTRALE

DES

BEAUX-ARTS

APPLIQUÉS A L'INDUSTRIE

5ᵉ EXPOSITION

ORGANISÉE AU PALAIS DE L'INDUSTRIE EN AOUT 1876

DOCUMENT Nᵒ 1

SOMMAIRE

Lettre du président de la Commission consultative au président du Conseil d'administration. — But de l'exposition, son caractère, époque de son ouverture, ses organisateurs, sa classification générale. — Règlement. — Dispositions générales et particulières. — Du jury des récompenses. — EXPOSITION DES INDUSTRIES D'ART : Rapport de la Commission consultative au Conseil d'administration. — Programmes des concours. — Avis de la section des Expositions au Conseil d'administration sur le rapport de la Commission consultative. — Approbation du Conseil.

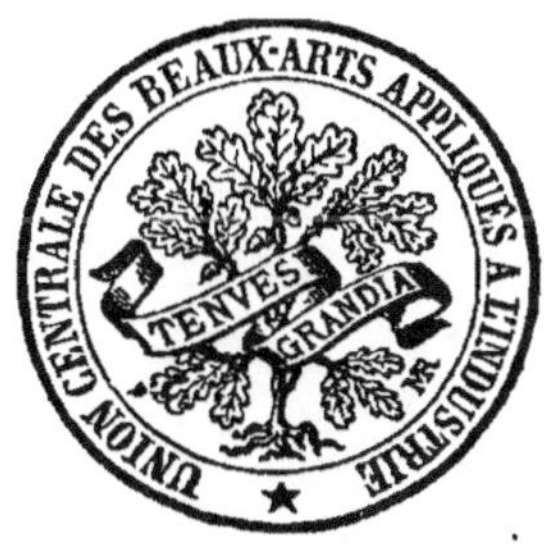

PARIS

BUREAUX, ADMINISTRATION ET RÉDACTION

3, PLACE DES VOSGES, 3

—

1875

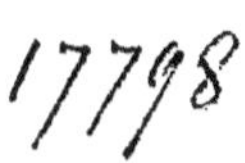

UNION CENTRALE

DES

BEAUX-ARTS APPLIQUÉS A L'INDUSTRIE

5° EXPOSITION

ORGANISÉE AU PALAIS DE L'INDUSTRIE EN AOUT 1876.

Lettre du Président de la Commission consultative au Président du Conseil d'administration.

Monsieur le Président,

J'ai l'honneur de vous adresser, pour les soumettre à l'approbation définitive du Conseil d'administration, les divers projets que vous avez demandés à la Commission consultative en vue de l'Exposition qui sera ouverte dans le courant de l'été de l'année prochaine. Les travaux que nous venons de préparer sont résumés par des règlements et des programmes répondant aux grandes divisions de l'Exposition; un rapport, qui est joint à chaque série, développe et explique nos conclusions. Notre travail est suivi de l'avis de la section du Conseil qui a été chargé de l'examiner, de façon que nous espérons publier un ensemble aussi parfait que possible, auquel du moins il n'aura manqué ni études ni contrôle.

La lecture de ces documents convaincra le Conseil des soins attentifs que la Commission consultative apporte à l'accomplissement de la mission que vous lui confiez, et le public, qui prendra connaissance de nos travaux communs, pourra s'assurer qu'une entente intime est établie entre tous les membres de notre Société pour poursuivre le but de sa création.

Le Conseil remarquera avec vous, monsieur le Président, que les propositions qui lui sont soumises aujourd'hui apportent de notables modifications aux anciens programmes, et qu'il est quelques points sur lesquels nous avons pris le parti de vous présenter un plan entièrement nouveau. Il n'y a là rien qui doive surprendre : notre *Union centrale* est une société de progrès, et si l'on prend la peine d'étudier quelque peu son organisation intime, on verra que les éléments qui la constituent entretiennent chez elle un mouvement de marche en avant. Je n'en veux pour preuve que la composition de la Commission consultative, que vous avez formée à l'aide de sociétaires et de membres étrangers à l'*Union*, de telle façon qu'il nous est impossible de nous immobiliser dans la satisfaction d'une œuvre accomplie. En effet, le contact incessant avec les idées du dehors, auxquelles nous puisons, grâce à la formation de nos Jurys et à celle de notre Commission, est le plus puissant réactif contre la somnolence ; et les ressources que vous trouvez chez nous, viennent incontestablement de la variété et de l'indépendance absolue des opinions auxquelles vous vous adressez.

C'est bien là ce qui établit le mérite premier de notre Société, ce qui fait notre force. Si nous étions réduits au corps seul des actionnaires, nous ne pourrions pas conquérir cette confiance qu'on veut bien attacher à notre œuvre, parce qu'elle fait la part la plus large aux influences extérieures qu'elle discute, mais qu'elle n'écarte jamais.

Aussi avons-nous pu aborder cette année l'examen de certaines mesures définitives pour l'*Union*, sans craindre le reproche d'être des sectaires isolés, convaincus à la vérité, mais peu tolérants ; et ce n'est qu'appuyés sur des bases établies par des mains jointes, sans être associées aux nôtres, que nous avons cru devoir, après douze ans de longues et patientes observations, convertir notre Exposition régulière des écoles de dessin en simples concours destinés à affirmer et à répandre ce que nous croyons sincèrement être la vérité de l'enseignement.

Qu'on ne nous reproche pas d'autre part d'avoir attendu. Si l'on veut bien relire tout ce que l'*Union* a écrit et publié, on reconnaîtra que, dès le premier jour de sa création, elle a élevé sa voix, timide encore, en faveur de l'extension à toutes les écoles de France de l'enseignement obligatoire du dessin ; qu'elle s'est révoltée contre l'abus d'un système étrange qui consiste, à l'aide de l'estampe, à retarder l'écolier, à l'empêcher de réfléchir, et à le dégoûter par le servilisme du procédé, au lieu de l'intéresser par une analyse directe sur l'objet en nature. N'a-t-elle pas pris la parole dans toutes les grandes réunions spéciales, écrit partout pour répandre le goût de cette résistance contre l'esprit de routine ? N'est-ce pas elle qui a condamné la première, et sévèrement, l'usage des photographies et démontré dans ses expositions tout ce qu'elles ont de défectueux, d'inutile et de dangereux ?

Qui a plus fait qu'elle pour ramener à l'unité l'enseignement de l'art qu'elle a toujours proclamé UN ? Placée entre ceux qui, appelés artistes, semblent dédaigner les applications de l'art aux industries qui lui empruntent tout leur éclat, et ceux qui, sous le nom plus modeste d'artisans, sont réduits à l'exécution d'œuvres d'art qu'ils ne signent pas parce qu'ils ont besoin d'associer leurs diverses aptitudes spéciales pour former un tout anonyme, l'*Union* a-t-elle jamais hésité à dire à ces deux groupes réunis chez elle : « Vous faites partie d'un seul et même groupe. Je ne reconnais pas la distinction que vous avez imaginée entre vous. Votre éducation initiale doit être commune, parce qu'on ignore au début si vous êtes destinés à vous illustrer par des œuvres où les facultés créatrices du génie n'ont rien à voir avec l'école ; mais il faut que vous sachiez tous dessiner. Votre éducation est mauvaise, parce qu'au lieu de commencer par les principes scientifiques qui vous obligeraient à suivre pas à pas la route parcourue par tous vos devanciers des grands siècles, vous avez voulu crayonner avant de savoir construire et diviser une ligne, peindre et modeler avant de dessiner, composer avant de connaître aucune loi. Vous oubliez que la doctrine d'un enseignement rationne écarte d'abord toute division, qu'elle vise la généralité des intérêts et ne s'occupe pas de faire des artistes. Vous avez créé la confusion sous l'apparence d'une bifurcation réfléchie. Notre devoir est de vous rappeler à la règle commune. » Voilà le langage de l'*Union*, ramenant toujours et patiemment les brebis égarées au bercail, prêchant l'apaisement des amours-propres excessifs qui déplacent les forces de leur centre, et créent la misère.

Non, monsieur le Président, on ne nous fera pas l'injuste reproche d'avoir attendu, lorsque l'on aura réfléchi que, depuis douze ans, nous avons dit et fait tout cela. On nous saura gré, au contraire, d'avoir marché avec prudence, sans nous imposer jamais, marquant chacune de nos Expositions d'un progrès lent mais sûr, et aboutissant aujourd'hui à une mesure qui, si elle est radicale, a le mérite, nous le supposons du moins, de n'être point une surprise et de demander loyalement l'épreuve.

A côté de cette mesure d'exclusion contre l'estampe à notre Exposition, ce qui est le point saillant du rapport de M. Racinet, le Conseil remarquera qu'un entraînement logique nous a amenés à vous demander la faveur de la gratuité pour une certaine catégorie d'œuvres exposées par les artistes. Ne convient-il pas que nous, qui n'avons cessé de nous intéresser à la prospérité d'industries spéciales, en commençant par l'observation de ce qui se passe dans les écoles et les ateliers, nous ouvrions large la porte d'entrée à ceux-là mêmes que nous avons suivis depuis l'enfance? Cette dérogation, que nous vous proposons, aux usages de nos Expositions, ne peut qu'être approuvée par vous, dont l'esprit généreux et préoccupé du sort des artistes, nous a toujours guidés vers la recherche du mieux de leurs intérêts.

Enfin, monsieur le Président, nous avons décidé de demander au Conseil la création d'un concours réservé aux femmes. Nous avons pensé à ces nombreuses écoles où se forme toute une classe d'artistes *décoratrices*, et nous avons voulu juger les produits qui sortent de leurs mains en nous assurant les garanties à l'aide desquelles nous pourrons estimer la valeur de l'enseignement général que les femmes reçoivent avant de se livrer à l'exécution des décorations appliquées à toutes les branches de l'industrie d'art. C'est, vous le voyez, un contrôle bien légitime que nous nous proposons d'exercer indirectement sur leurs écoles. Nous y puiserons un nouvel élément de conviction à ajouter à ceux que nous avons déjà pour continuer notre marche progressive et essayer de réformer ce que nous trouverons contraire aux intérêts de l'enseignement et de ses applications.

Ces travaux, monsieur le Président, le Conseil le reconnaîtra, tirent leur valeur de l'incontestable bienfait de notre organisation. S'il est vrai, comme nous l'espérons tous, qu'ils aient quelque crédit sur l'opinion des personnes qui veulent bien s'occuper de nous, s'ils sont un acheminement vers la conquête que nous voulons faire pour toutes nos écoles, de l'introduction chez elles du dessin obligatoire, reconnaissons que c'est de la libre discussion entre hommes convoqués de toutes parts par la généreuse initiative de l'*Union* que nous est venue cette fermeté de nos principes bien accusés à cette heure, et établis sur une solidarité difficile à rompre désormais.

L'esprit de notre institution, qui l'amène ainsi, régulièrement et avec l'aide des forces puisées en dehors de son sein, à convertir ses théories en faits précis, soumis au jugement des intéressés et du public, donnera de l'*Union centrale* l'idée qu'elle est une Société au premier chef utile, parce qu'elle n'a d'autre but que la recherche, par tous les moyens, des intérêts auxquels elle ne participe que pour l'honneur de les sauvegarder, et on ne la prendra pas pour une institution n'ayant d'autre guide que les profits qu'elle peut faire.

Voilà, monsieur le Président, les réflexions que mes collègues m'ont chargé de vous adresser avec l'expression de leur sincère dévouement.

Je vous prie d'agréer les assurances de ma considération la plus distinguée.

Le Président de la Commission consultative,

A. LOUVRIER DE LAJOLAIS.

But de l'Exposition, son caractère, époque de son ouverture, ses organisateurs, sa classification générale.

Afin d'entretenir en France la culture des arts qui poursuivent la réalisation du beau dans l'utile ; afin d'aider aux efforts des hommes d'élite qui se préoccupent des progrès du travail national, depuis l'école et l'apprentissage jusqu'à la maîtrise ;

Afin d'exciter l'émulation dans les travaux qui vulgarisent chez nous le sentiment du beau, améliorent le goût public et tendent à conserver à nos industries d'art, dans le monde entier, leur vieille et juste prééminence :

Une cinquième exposition des Beaux-Arts appliqués à l'industrie aura lieu à Paris, en 1876.

Elle s'ouvrira le 10 août au palais de l'Industrie ; elle sera close le 10 novembre suivant, à moins de prolongation.

Elle est organisée et administrée gratuitement par le Conseil d'administration de l'*Union centrale des Beaux-Arts appliqués à l'Industrie,* dont les membres exposants payent leurs places comme tous les autres exposants, s'interdisent de faire partie des jurys des récompenses, et se mettent, comme aux Expositions de 1863, 1865, 1869 et 1874, hors de concours.

L'Exposition de 1876 comprendra trois groupes :

1° ÉCOLES DE DESSIN.

Concours pour les Écoles de Paris et celles des départements.

2° EXPOSITION MODERNE.

Œuvres d'art composées en vue de la reproduction industrielle, et produits modernes des industries d'art.

Ce deuxième groupe se subdivise en exposition libre et en concours.

L'Exposition libre comprend douze classes :

1° *Les œuvres originales des artistes, composées pour servir de modèles à l'industrie;*

2° *Art appliqué à l'architecture;*

3° *Sculpture monumentale sur pierre, marbre, bois et autres matières similaires;*

4° *Art appliqué à la tenture de l'habitation;*

5° *Art appliqué au mobilier;*

6° *Art appliqué aux métaux usuels;*

7° *Art appliqué aux métaux et aux matières de prix;*

8° *Art appliqué à la céramique;*

9° *Art appliqué à la verrerie et aux émaux;*

10° *Art appliqué aux étoffes de vêtements et d'usage domestique;*

11° *Art appliqué aux articles divers;*

12° *Art appliqué à l'enseignement et à la vulgarisation.*

Les concours pour les artistes sont au nombre de trois, dont les programmes se trouvent ci-joints avec les rapports de la Commission consultative.

3° EXPOSITION RÉTROSPECTIVE.

1° *Spécimens de salles d'habitation, comprenant la décoration, le mobilier et les objets d'usage domestique depuis le moyen âge jusqu'au dix-neuvième siècle;*

2° *Exposition des dessins des architectes de la Commission des monuments historiques.*

L'Exposition comprendra en outre une bibliothèque spéciale et publique dans laquelle seront faites des conférences qui auront pour but l'examen et l'explication des diverses expositions.

REGLEMENT

DISPOSITIONS GÉNÉRALES ET PARTICULIÈRES

ARTICLE PREMIER. — Afin de subvenir aux frais de l'Exposition et d'augmenter l'importance de l'institution *publique et gratuite* que l'UNION CENTRALE a fondée au centre de la fabrique de Paris, place des Vosges, 3 (ancienne place Royale), et qui comprend : un musée rétrospectif et contemporain; une bibliothèque d'art ancien et moderne; des cours spéciaux ayant rapport à l'art appliqué, et des entretiens familiers de nature à propager les connaissances les plus essentielles à l'artiste et à l'ouvrier qui veulent unir le beau à l'utile :

1° Le droit d'entrée à l'Exposition du Palais de l'Industrie sera perçu comme suit : le dimanche, 50 centimes; tous les autres jours, 1 franc.

2° L'emplacement occupé au Palais de l'Industrie par chaque exposant sera payé ainsi qu'il suit (sauf l'exception ci-après) :

(1°) Les œuvres qui, comme les tableaux, occuperont une surface *verticale* et *murale* et ne dépasseront pas une épaisseur de 20 cent., payeront par mètre superficiel : de 1 à 10 mètres, 6 francs par mètre et par mois; les mètres en plus, s'ils sont accordés par l'Administration, 2 francs par mètre et par mois.

(2°) Pour les objets fabriqués et ne rentrant pas dans la condition ci-dessus : de 1 à 10 mètres, 12 francs par mètre et par mois; les mètres en plus jusqu'à 20 mètres, s'ils sont accordés par l'Administration, 6 francs par mètre et par mois; les mètres au-dessus de 20 mètres pour le même exposant, 3 francs par mètre et par mois.

Pour les objets fabriqués et compris dans cette dernière catégorie, la superficie prise sur le *sol* sera seule calculée, sans qu'il soit tenu compte de la hauteur.

Sont seules exemptes de tous droits de place toutes les œuvres d'art composées en vue de servir de modèles pour l'industrie, sous la condition que ces œuvres n'aient pas encore été reproduites par l'industrie, qu'elles soient originales et présentées par leurs auteurs, qui auront à signer une déclaration conforme à ce programme. Ces œuvres seront exposées sous leur nom, et seront soumises à l'appréciation d'un jury d'admission.

Art. 2. — Il ne sera pas accordé moins d'un mètre.

Art. 3. — L'exposant aura à payer *trois mois* de droits de place.

Dans le cas où l'Exposition serait prolongée au delà de ce terme, il jouirait gratuitement de sa place durant toute la prolongation.

La prolongation ou le retard de l'Exposition ne donneront lieu à aucune indemnité, soit de la part de l'Administration, soit de la part des exposants.

Art. 4. — Chaque exposant, en faisant acte d'adhésion, aura à indiquer le nombre de mètres qui lui seront nécessaires, et qu'il sera tenu d'occuper pendant toute la durée de l'Exposition.

Art. 5. — Dans le cas où l'exposant obtiendrait de l'Administration la faculté d'occuper un nombre de mètres plus grand que celui qu'il aurait primitivement souscrit, ou qu'il serait reconnu qu'il a, sans autorisation, occupé un espace plus grand que celui qu'il aurait payé, il aurait à tenir compte, dans les deux cas, de la différence en plus, suivant le relevé qui en serait fait par les soins de l'*Union centrale*.

Art. 6. — Chaque exposant aura à payer un mois de son emplacement à l'avance, et ce, au plus tard, le 30 mai 1876, à la Caisse de l'*Union centrale*, place des Vosges, n° 3. Le second mois sera exigible le 10 août, et le troisième mois le 10 septembre.

Art. 7. — Il sera remis, à chacune des personnes qui désireront prendre part à l'Exposition, un bulletin imprimé, où elle indiquera ses nom, prénoms, profession et adresse, la nature de ses produits, en même temps que le nombre de mètres dont il a été question à l'article 4.

Art. 8. — Ces bulletins doivent être envoyés *francs de port* au secrétariat de l'*Union centrale*, place des Vosges, 3, au plus tard le 1er juin.

Art. 9. — Un livret, qui ne sera que la transcription textuelle ou le dépouillement analytique de ces bulletins, sera publié par les soins de l'Administration.

L'exposant qui n'aurait pas suivi les prescriptions des articles 7 et 8 ne devrait s'en prendre qu'à lui-même, si sa notice laissait trop à désirer, ou si elle n'avait pu être insérée audit livret.

ART. 10. — Au cas où, dans un but décoratif ou d'ensemble général ou partiel, l'Administration préparerait quelques emplacements spéciaux qui pourraient être accordés à certaines industries, le prix de la location de place serait le même que partout ailleurs ; mais les frais de construction et de décoration seraient en plus à la charge de l'exposant, qui rembourserait à l'Administration, lors de la prise de possession, le prix indiqué et convenu à l'avance et qui, dans aucun cas, ne pourrait être contesté.

ART. 11. — Les ouvrages et les produits compris dans la classification de l'Exposition moderne devront être rendus au Palais de l'Industrie, du 15 au 25 juillet, à 4 heures du soir.

ART. 12. — Les envois concernant les Concours, à moins de dispositions spéciales indiquées dans les programmes particuliers, seront adressés *francs de port*, au Palais de l'Industrie, de 8 heures du matin à 5 heures du soir, du 20 au 30 juillet, terme de rigueur.

Les produits qui ne seraient pas installés le 5 août, à 4 heures du soir, seront enlevés des galeries et de la nef, et emmagasinés aux frais et risques du propriétaire.

Passé le 30 juillet, les produits seront refusés, et les droits de place payés antérieurement demeureront acquis à l'Exposition, et l'Administration disposera desdits emplacements.

MODÈLE D'ADRESSE POUR LES ENVOIS.

FRANCO.

A Monsieur le Secrétaire général de l'Union centrale des Beaux-Arts
appliqués à l'industrie.

Au Palais de l'Industrie (Champs-Élysées).

Paris.

Envoi de (*nom et prénoms*)
demeurant à
Nature des produits :

ART. 13. — Les frais de montage, de démontage, de réemballage, demeureront à la charge de l'exposant, à quelque groupe qu'il appartienne.

ART. 14. — Les arrangements et aménagements particuliers seront à la charge des exposants, et ne pourront être exécutés que conformément au plan général et d'ensemble. Des entrepreneurs se tiendront à la disposition des exposants ; leurs mémoires, s'il y a lieu, seront réglés par les soins de l'Administration, sur la demande qui en sera faite au secrétaire général.

Cependant les exposants pourront employer, avec l'autorisation de l'Administration, tels ouvriers qu'il leur plaira.

ART. 15. — Le secrétaire général, dont il vient d'être question, nommé par l'Administration, est chargé de veiller à ses décisions. 1

Art. 16. — Le Conseil d'administration prendra toutes les mesures nécessaires pour préserver les objets exposés de toute avarie; mais, dans le cas de dégâts ou d'incendie, le dommage resterait à la charge de l'exposant.

Art. 17. — Les produits seront surveillés par un personnel convenable; mais, en aucun cas, l'Administration de l'UNION CENTRALE ne sera responsable des vols ou détournements qui pourraient être commis.

Art. 18. — Les exposants pourront faire garder leurs produits par un représentant de leur choix, agréé par l'Administration ; mais ils devront déclarer au préalable le nom et la qualité de ce représentant à qui il sera délivré une carte d'entrée personnelle; cette carte ne pourra être cédée ni prêtée sous peine de retrait. Il en sera de même pour celle à laquelle chaque exposant aura droit.

Dans le cas où le représentant refuserait de se conformer au règlement intérieur de l'Exposition, l'Administration, après un premier avis donné par le secrétaire général, pourrait lui retirer sa carte de représentant, et en aviserait l'exposant, afin qu'il ait à le remplacer immédiatement.

Un représentant ne peut avoir plus d'une carte d'entrée, quel que soit le nombre d'exposants qu'il représente.

Art. 19. — Aucun objet ne pourra être reproduit sous quelque forme que ce soit, sans une autorisation signée de l'exposant et du secrétaire général, et qui restera entre les mains de l'Administration.

Dans le cas cependant où une reproduction aurait lieu, malgré les soins de la police intérieure, l'Administration n'en serait pas responsable.

L'Administration se réserve la reproduction des vues d'ensemble.

Art. 20. — L'Administration retiendra les œuvres et les produits qu'elle jugera dignes de concourir au but de l'Exposition; elle pourra exclure, au moment où elle recevra les produits, ceux qui seraient, d'après son appréciation, en dehors du but de l'Exposition. Dans ce dernier cas, elle aurait à rembourser intégralement les sommes perçues à l'avance ; mais les frais de déplacement et de transport resteront à la charge du demandeur.

Art. 21. — Des Commissions ou sous-Commissions de classements, aussi bien que le Jury d'admission pour certains groupes, pourront être nommés s'il y a lieu par la Direction.

Art. 22. — Dès le lendemain de la clôture de l'Exposition, les exposants procéderont à l'enlèvement de leurs produits et de leurs installations.

Cette opération devra être terminée au plus tard huit jours après la fermeture.

Passé ce terme, les produits et les installations qui n'auraient pas été retirés seront enlevés d'office et consignés dans un magasin public aux frais et risques des exposants.

Les objets qui, au 15 février suivant, n'auraient pas été retirés, seront vendus en vente publique.

Du Jury des Récompenses.

Art. 23. — L'examen, l'appréciation et le jugement des œuvres exposées seront confiés à des juges spéciaux nommés, moitié à l'élection par les concurrents et exposants eux-mêmes, et moitié par le Conseil d'administration.

Art. 24. — Le règlement concernant la formation et les attributions des différents Jurys, sera affiché dans les salles d'exposition, le jour qui précédera les élections.

ART. 25. — Les récompenses seront distribuées en séance solennelle à la fin de l'Exposition.

ART. 26. — Seront mis hors de concours, les exposants qui ont obtenu des médailles d'or aux Expositions nationales et universelles de Paris, ainsi qu'aux Expositions de *l'Union centrale*.

ARTICLE SUPPLÉMENTAIRE. — Si des changements ou additions au présent règlement devenaient nécessaires, ils seront affichés en temps opportun dans les salles de *l'Union centrale*, 3, place des Vosges, et dans celles du Palais de l'Industrie.

Au nom de la Section des Expositions,
HENRI BOUILHET.

Vu : Le Président du Conseil d'administration,
ÉDOUARD ANDRÉ.

Le Secrétaire du Conseil,
ERNEST LEFÉBURE.

Les Membres du Conseil d'administration de l'UNION CENTRALE,

MM. ANDRÉ (Édouard), *Président*. — BOUILHET (Henri), *Vice-Président*. — LEFÉBURE (Ernest), *Secrétaire*.— JUMELLE (Alfred), *Secrétaire Adjoint*.— CHRISTOFLE (Paul), *Président de la Section administrative*. — FIRMIN-DIDOT (Alfred), *Président de la Section de l'Enseignement*.— CHESNEAU (Ernest).— CHOCQUEEL (Louis). — COHEN (Joseph).— HERMANN (Georges). — FROMENT-MEURICE. — MANNHEIM (Charles).— MARIENVAL (Louis).— MAZAROZ (Paul).— MOUREY (Philippe). — PETIT (Eugène). — SAJOU. — TURQUETIL (Jules). — VEYRAT (Adolphe). — WOLFF (Auguste).

EXPOSITION DES INDUSTRIES D'ART

—

Rapport de la Commission consultative au Conseil d'Administration

Rapporteur : M. Camille Minoret.

Monsieur le Président,
Messieurs,

Chaque fois que vous avez fait à la Commission consultative l'honneur de lui demander son avis, elle a étudié avec ardeur et conscience les questions que vous lui avez soumises.

Tenant compte des observations qu'elle avait pu recueillir, elle s'est chaque fois efforcée de mieux faire, et c'est ainsi qu'elle a pu vous proposer, pour les Écoles et le Musée rétrospectif, des études toutes nouvelles. Elle n'a pas mis moins d'ardeur à examiner les questions qui pouvaient se présenter dans la section des industries d'art.

Les conditions d'admission à l'Exposition, la classification, la composition du jury, les récompenses, les concours, toutes ces questions déjà si souvent discutées ont été examinées de nouveau, et si la Commission n'a pas toujours réussi, comme elle l'aurait voulu, à vous proposer un programme qui la satisfît entièrement, c'est qu'il n'a pas dépendu d'elle qu'il fût plus parfait.

De l'admission. — Il n'y a rien à changer dans les conditions d'admission en vigueur à l'*Union*. Le but de l'*Union* est nettement défini, et la question de savoir quels sont les produits qui seuls peuvent être admis à l'Exposition est simple. Le titre d'*Union centrale des Beaux-Arts appliqués à l'industrie* dispense de longs commentaires et suffît pour la résoudre.

Aussi la Commission n'aurait-elle pas insisté sur ce point, si elle n'avait eu à examiner la demande d'admission des inventions scientifiques applicables à l'art, et si elle n'avait remarqué qu'une partie du public confond encore les expositions de l'*Union* avec celles que fait ordinairement l'industrie proprement dite.

Bien des personnes, en effet, croient que nous devons admettre chez nous les produits de toute nature. C'est là une erreur qu'il importe de relever. Il faut que nous arrivions à faire bien comprendre que nos Expositions sont faites à un point de vue tout spécial : « *La recherche du beau dans l'utile* », qu'elles ne peuvent et ne doivent recevoir que des objets se rattachant aux beaux-arts, soit par leur forme, soit par leur ornementation, et que l'on doit en bannir tout produit qui ne renfermerait pas au moins un des caractères spéciaux aux arts du dessin : l'archi-tecture, la sculpture, la peinture. Aussi croyons-nous devoir rappeler ici l'article suivant du règlement du jury :

« Le jury des récompenses, dans son appréciation des œuvres et des produits, aura à examiner avant tout la forme, la couleur, l'art en un mot, de l'objet soumis à son appréciation ; les autres questions dont il pourra avoir à s'occuper ne seront que secondaires. »

Cet article, base des appréciations du jury des récompenses, doit être aussi celle des admissions.

En maintenant rigoureusement les principes qui doivent présider à l'admis-sion, nous arriverons à faire des Expositions réellement intéressantes, sinon par la quantité, du moins par le choix des objets, et nous dissiperons complétement les doutes qui peuvent rester encore dans l'esprit du public.

Dans son rapport général sur la dernière Exposition, M. Georges Lafe-nestre demandait la création d'une section nouvelle, « dite *section des inventions scientifiques et techniques applicables à l'art,* » dans laquelle on aurait pu classer toutes ces inventions, ces procédés nouveaux éminemment utiles pour l'industrie, mais qu'une application encore maladroite et insuffisante, au point de vue de l'art, ne permettait pas de récompenser.

La Commission n'a pas cru devoir adopter cette nouvelle proposition. Elle a pensé qu'elle entraînerait l'*Union* beaucoup trop en dehors de sa voie, et que, si la limite précise où elle doit s'arrêter est déjà difficile à établir, elle le serait bien plus encore le jour où elle entrerait dans le domaine de la science.

L'*Union centrale,* en effet, ne s'est pas donné pour mission de juger la valeur scientifique et industrielle des produits exposés ; si elle demande naturellement une bonne fabrication, sans laquelle l'objet d'art n'existerait pas ; si elle applaudit à la découverte et à la mise en œuvre de ces procédés nouveaux qui permettent une plus facile diffusion de l'art par la fabrication, elle ne peut oublier que son rôle ne commence que là où finit la science, et qu'elle juge la matière au point de vue seul de la forme et de l'ornementation.

La dernière Exposition s'est distinguée entre toutes par la qualité de l'art appliqué ; c'est un résultat dont nous devons remercier le Conseil, qui, dans les admissions, s'est montré plus strict qu'il ne l'avait été antérieurement.

Nous sommes donc d'avis que le Conseil persiste dans cette voie, et nous lui rappellerons que sa tâche est d'autant plus facile qu'il est de tradition à l'*Union centrale* d'avoir un jury d'admission tout prêt à être convoqué dans le cas où la moindre difficulté ou la plus petite contestation serait soulevée.

De la classification. — La Commission vous propose de maintenir la division de l'Exposition en trois groupes :

1° Toutes les œuvres d'art composées en vue de la reproduction industrielle ;

2° Les reproductions des industries d'art ;

3° Les œuvres de concours fondés par l'*Union centrale.*

Mais elle vous propose de modifier en quelques parties la classification adoptée jusqu'ici par l'*Union.*

Cette classification a été quelquefois l'objet de critiques assez vives. Des industries considérées comme concourant à un même but, groupées par conséquent dans la même classe, se sont plaintes d'être jugées ensemble et mises sur le même pied alors qu'elles sont entièrement dissemblables, que la matière employée, la manière de travailler, sont complétement différentes; elles auraient voulu que chacune d'elles formât une classe spéciale, jugée et récompensée séparément.

Nous répondrons à ces observations qu'il est impossible, dans des expositions restreintes, comme celles qu'organise l'*Union centrale*, de former autant de classes que d'industries spéciales; ce serait créer de trop nombreuses divisions dans lesquelles chaque industrie serait représentée par un trop petit nombre de fabricants. Il ne faut pas oublier aussi que, si cette classification sert de base pour l'examen du jury, elle n'a pas pour conséquence de créer un concours entre les diverses industries comprises dans chaque classe.

Toutefois, pour donner en partie satisfaction à ces critiques, la Commission propose d'apporter les modifications suivantes à la classification adoptée jusqu'ici par l'*Union centrale*.

Les œuvres émanant directement de l'artiste, et qui doivent servir de modèles aux créations de l'industrie, formeraient une classe spéciale qui serait la première, et sur laquelle nous aurons à revenir.

L'ancienne première classe, *Art appliqué à la décoration de l'habitation*, formerait désormais deux classes sous les noms : 1° d'*Art décoratif appliqué à l'architecture*, et 2° de *Sculpture monumentale sur pierre, marbre, bois, etc., etc.*

De l'ancienne classe 6°, *Art appliqué à la céramique et à la verrerie*, on distrairait les émaux, verrerie, cristaux, glaces, vitraux, on y joindrait la mosaïque, et on formerait ainsi deux classes intitulées, l'une *Art appliqué à la céramique*, et l'autre *Art appliqué à la verrerie et aux émaux*.

Enfin on propose de faire passer les stores de l'ancienne première classe à celle de l'*Art appliqué à la tenture*.

Par suite de ces modifications il y aurait donc une nouvelle classification, comprenant 12 classes, dont voici les titres :

I. — *Les œuvres originales des artistes, composées en vue de servir de modèles à l'industrie.*

1° Dessins, maquettes et modèles qui auront été reproduits par l'industrie;
2° Dessins, maquettes et modèles qui n'ont pas encore été reproduits par l'industrie.

II. — *Art appliqué à l'architecture.*

Décoration des villes, des édifices publics et des demeures particulières; — menuiserie d'art, marqueterie, marbrerie, peintures décoratives pour emplacements déterminés.

III. — *Sculpture monumentale sur pierre, marbre et bois et autres matières similaires.*

IV. — *Art appliqué à la tenture de l'habitation.*

Tapis de toute nature, — étoffes d'ameublement en laine, soie, damas, lampas, etc.; — papiers peints, cuirs, cartons gaufrés, — stores; — art décoratif du tapissier.

V. — *Art appliqué au mobilier.*

Meubles exécutés en bois divers, sculptés, dorés, laqués, ornés de bronze, de marqueterie, de faïence ou d'émaux, — siéges, — caisses d'instruments de musique, — cadres.

VI. — *Art appliqué aux métaux usuels.*

Bronzes d'art, d'ameublement et d'éclairage, ciselés, dorés, ornés d'émaux, de cristaux, etc., etc., — fer forgé, fer fondu, quincaillerie d'art, cuivre repoussé.

VII. — *Art appliqué aux métaux et aux matières de prix.*

Grande orfévrerie, — orfévrerie de table, — orfévrerie religieuse, — joaillerie, — bijouterie, — camées.

VIII. — *Art appliqué à la céramique.*

Terres cuites décoratives, — poteries d'art, — lave et terre cuite émaillée, — faïence émaillée, — porcelaines unies ou peintes, grès.

IX. — *Art appliqué à la verrerie et aux émaux.*

Émaux, — verrerie, — cristaux, — glaces, — vitraux.

X. — *Art appliqué aux étoffes et aux vêtements et d'usage domestique.*

Châles, cachemires, — dentelles, guipures, broderies, passementeries, étoffes de laine et de soie, — étoffes imprimées, toiles ouvrées et damassées.

XI. — *Art appliqué aux articles divers.*

Voitures, — armes à feu, armes blanches, coutellerie, — tabletterie, petits meubles, articles de Paris, — reliure, — fleurs artificielles, — éventails.

XII. — *Art appliqué à l'enseignement et à la vulgarisation.*

Gravure sur métaux, sur bois, — lithographie, — lithochromie, autographie, gravure héliographique, — photographie, — imprimerie, procédés nouveaux de gravure et d'impression, — livres et publications diverses.

Des récompenses. — Les récompenses que décerne l'*Union* ont été dans la Commission l'objet d'un examen approfondi.

A chaque Exposition, la publication des récompenses soulève des réclamations qui sont toujours pénibles.

La façon dont est composé le jury, nommé moitié par l'*Union centrale*, moitié par les exposants eux-mêmes, était une telle garantie pour tous, qu'on devait croire que ses décisions seraient acceptées sans contestation ; mais, hélas ! combien nous nous trompions ! Nous comptions sans la faiblesse humaine : a-t-on jamais accepté sans protester un jugement auquel on s'attend d'autant moins que souvent on a cru pouvoir espérer une récompense supérieure ?

Ces réclamations ont vivement frappé la Commission consultative. De plus, on ne nous a pas dissimulé la crainte de voir, après un certain nombre d'Expositions, les diverses médailles de l'*Union* perdre leur caractère et leur valeur, tant par les réclamations auxquelles elles donnent lieu qu'à cause de leur nombre, et devenir une banalité peu enviable pour les industriels parce qu'elles seraient devenues de nul intérêt pour le public.

La suppression totale des récompenses décernées par l'*Union* parerait absolument aux inconvénients signalés ; elle a été proposée, mais n'a pas été accueillie par la Commission. Si, d'une part, nous avons reconnu les avantages de cette proposition, de l'autre nous n'avons pas cru que notre Société pût, sans inconvénients graves, se désintéresser du jugement à porter dans ses Expositions.

L'*Union* vise un but, la recherche du beau dans l'utile ; elle a un désir, celui de voir prospérer chez nous toutes ces industries d'art qui sont une des grandes forces de notre pays. Conservant par la nomination de la moitié des membres du jury le droit de dire ce qu'elle pense, tout en laissant aux exposants, par la nomination de l'autre moitié, le droit d'exprimer leur opinion, elle croit ainsi faire acte de justice envers tous ; mais elle ne juge pas qu'elle doive abandonner le terrain où elle peut affirmer ses principes et caractériser la mission qu'elle a entreprise.

En conséquence, la Commission est d'avis de proposer au Conseil d'administration de conserver encore, tels qu'ils ont été établis jusqu'ici, le mode de formation du jury et le principe des récompenses à décerner aux exposants. Mais en vue de conserver à ces titres honorifiques l'importance qu'elle y attache elle-même, et considérant que la valeur de la médaille d'or, récompense exceptionnelle, n'a d'effet qu'autant qu'elle est peu répandue, elle propose au Conseil d'administration de limiter à douze le nombre de ces médailles mises à la disposition du jury. Elle se base, pour demander ces douze médailles, sur le nombre de classes adoptées. Mais elle vous prie toutefois de laisser au jury le droit de les distribuer comme bon lui semblera entre toutes les classes, sans que l'on puisse rien arguer du nombre fixé, pour en attribuer, quand même, une à chaque classe.

De l'exposition des dessins et modèles pour l'industrie. — En distribuant ses encouragements l'*Union* ne se borne pas à récompenser le fabricant qui, par la beauté de ses produits, a mérité l'approbation du jury ; l'artiste qui n'envoie que ses dessins et maquettes est également l'objet de ses attentions ; outre les récompenses qu'elle lui distribue dans ses Expositions, elle a créé chaque fois des concours spéciaux. Malheureusement les artistes n'ont pas répondu autant qu'on aurait pu l'espérer à l'appel qui leur était fait.

La Commission a étudié les propositions qu'elle pourrait soumettre au Conseil pour obtenir sur ce point des résultats plus complets et plus satisfaisants. A cet effet, elle a cherché à faciliter et à étendre les moyens d'expositions que vous offriez aux artistes de l'industrie.

Nous vous proposons donc, messieurs, de grouper dans une seule classe qui serait la première, toutes les œuvres d'art composées en vue de servir de modèles à l'industrie, modèles qui jusqu'ici ont été disséminés dans chaque classe. Cette première classe formerait deux sections comprenant :

1° Les dessins et modèles qui auront été reproduits par l'industrie, et qui continueront comme par le passé a être soumis à l'ancien règlement.

2° Les dessins et modèles qui n'ont pas été reproduits par l'industrie, et qui seront exposés gratuitement, mais sous la réserve toutefois que ces œuvres seraient originales, présentées par leurs auteurs qui auront à signer une déclaration conforme à ce programme et exposées sous leur nom; enfin que ces œuvres, passant sous les yeux d'un jury d'admission, aient été admises par lui.

Il était naturel de ne rien changer aux mesures prises antérieurement pour les œuvres qui avaient été suivies d'une exécution industrielle. La rémunération attachée à ces produits par leur exploitation permet en effet de demander aux artistes le prix de leur place d'exposition. Il nous a paru qu'il devait en être autrement pour les dessins et maquettes qui n'ont été ni achetés ni reproduits par l'industrie ; nous avons pensé qu'en leur offrant l'exposition gratuite nous ferions un acte de justice et en même temps nous faciliterions les rapports des artistes avec les fabricants. Nous aurions ainsi un stimulant qui nous permet d'espérer d'obtenir des résultats que nous recherchons.

Enfin, si pour une raison bien facile à comprendre, nous vous proposons certains avantages en faveur de ces œuvres, rien pour cela n'est changé dans l'organisation ordinaire de l'Exposition qui, hors ce cas de gratuité, restera toujours ce qu'elle était autrefois, tant pour son principe que pour la nomination du jury, les récompenses, etc.

Des concours. — Nous vous proposons de maintenir les concours que l'*Union* à créés, lors de chaque Exposition, soit pour les artistes, soit pour les fabricants.

Ces concours tantôt de composition seulement, tantôt de composition et d'exécution n'ont pas été suffisamment suivis.

La Commission a cru en trouver le motif dans l'unité de la récompense.

C'est en tenant compte de ces motifs et en ayant égard aux ressources de l'*Union* que la Commission vous soumet ses programmes.

Elle s'était bornée d'abord à des concours de composition qui occasionnent moins de frais aux concurrents ; envisageant les artistes sous deux grandes divisions générales, elle avait réduit les concours à deux, destinés spécialement, le premier aux peintres et dessinateurs, le second aux sculpteurs. Enfin, réunissant sur ces deux concours toutes les récompenses disséminées précédemment entre plusieurs, la Commission vous proposait, messieurs, d'accorder pour chacun d'eux trois prix.

Ces concours, dont les programmes sont ci-joints, sont : le premier, le plafond d'une bibliothèque, le second, la porte d'une bibliothèque ; s'ils offrent quelques difficultés, ils sont cependant accessibles au plus grand nombre des artistes. Il ne faut pas oublier qu'après avoir demandé l'étude générale dans l'école, l'étude spéciale dans l'atelier, nous nous adressons aujourd'hui à des artistes qui doivent posséder la science et les moyens d'exécution de leur art; ils doivent être d'autant plus forts qu'ils forment cette phalange dont la mission est de maintenir aujourd'hui en France les traditions de savoir, d'art et de bon goût que nous désirons voir s'y perpétuer.

Sur les observations qui lui ont été présentées au nom du Conseil, lequel a jugé que deux concours sont insuffisants, et qu'il vaut mieux reporter les deux troisième prix sur un concours nouveau, la Commission consultative a recherché un programme qui répondît à vos vœux et elle vous propose, messieurs, d'adresser un appel aux femmes artistes. Nous avons remarqué en effet que dans les concours de compositions, les femmes ne se sont jamais présentées, et il est utile, croyons-nous, de faire une part dans nos prix à une classe d'artistes qui est devenue très-nombreuse depuis l'installation d'un grand nombre d'écoles qui leur sont réservées. Nous vous demandons en conséquence, messieurs, d'examiner avec nous si le moment n'est pas venu de créer un concours en faveur des femmes qui consacrent leur talent à des applications décoratives pour l'industrie, et nous estimons que le moyen le meilleur de les juger est de recevoir les objets exécutés par elles sous la clause qu'ils seront accompagnés d'une déclaration que leur auteur est en même temps l'auteur de la composition ayant servi pour la reproduction industrielle. L'exposition de la nef nous a fourni mille preuves de l'habileté des femmes pour les diverses décorations appliquées aux industries de luxe. Il nous reste à constater leur ingéniosité à concevoir et à créer des compositions. C'est dans ce but que nous vous proposons ce concours. Nous aurions pu nous borner à demander de simples compositions; mais sur l'insistance très-vive de ceux de nos collègues qui connaissent plus particulièrement les ressources de la classe à laquelle nous nous adressons ici, et qui avec raison nous ont fait observer que pour la première fois, il convenait de mettre en valeur les qualités délicates d'exécution qui sont propres au génie de la femme, nous avons cru devoir accepter le concours au moyen des objets exécutés et sous la seule garantie que nous vous avons dite tout à l'heure. Les objets concourront tous ensemble pour les deux prix et les mentions que nous vous demandons de vouloir bien accorder à la place des troisièmes prix que nous avons distraits des deux premiers concours.

Tel est, messieurs, le résumé des travaux de la Commission consultative en ce qui concerne la section des industries d'art.

PROGRAMME DES CONCOURS

ARTICLE PREMIER. — Sont ouverts par l'*Union centrale* deux concours de composition sur programme déterminé et s'adressant chacun spécialement : le premier aux peintres ou dessinateurs, le second aux sculpteurs, et un concours spécial pour les femmes.

ART. 2. — Les œuvres de concours seront exposées publiquement dans une salle spéciale et exemptées de tout droit de place.

ART. 3. — Les œuvres des concurrents devront être déposées au plus tard le 31 juillet 1876, au Secrétariat général, au palais des Champs-Élysées.

Les œuvres des deux concours de composition ne seront pas signées ; chaque concurrent remettra au Secrétariat une lettre cachetée portant en suscription la devise ou le signe correspondant à la devise ou au signe apposé sur l'œuvre. Cette lettre contiendra les nom et prénoms de l'auteur, son domicile, son âge et sa profession.

ART. 4. — Dans chaque concours de composition il y aura deux prix : le premier d'une somme de six cents francs; le second de trois cents francs.

Le jury pourra de plus accorder, s'il y a lieu, des mentions honorables.

ART. 5. — Le jury chargé de juger les concours de composition sera nommé moitié par l'*Union centrale* et moitié par les exposants eux-mêmes.

A cet effet, ces derniers adresseront sous pli cacheté, en envoyant leurs œuvres, un bulletin de vote portant les noms des jurés, conformément aux avis qui seront donnés ultérieurement par le règlement général de l'Exposition.

Le jury fera un rapport motivé sur chaque concours.

ART. 6. — Les compositions qui auront obtenu des récompenses appartiendront à l'*Union centrale* qui les déposera dans sa bibliothèque ; néanmoins les lauréats auront la faculté d'en prendre une copie et conserveront leur droit de propriété et de reproduction.

ART. 7. — Les envois auront lieu conformément aux indications contenues au règlement général et aux clauses réglementaires concernant toutes les expositions.

PREMIER CONCOURS.

Le plafond d'une Bibliothèque.

Cette bibliothèque fera partie d'un monument consacré aux arts, aux sciences et aux lettres, dans une ville importante des départements.

La salle principale de cette bibliothèque aura 14 mètres de long, 8 mètres de large et 8 mètres d'élévation.

PORTE D'UNE BIBLIOTHÈQUE

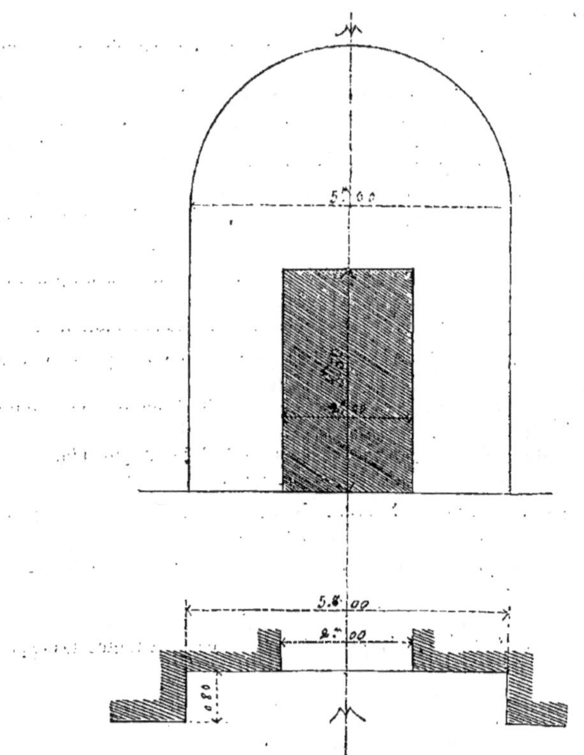

PLAN ET ÉLÉVATION

Échelle : 1 centimètre par mètre.

La menuiserie nécessaire aux agencements d'une salle de bibliothèque devant en même temps concourir à la décoration de cette salle, il sera convenable que le plafond, reposant sur une puissante corniche, participe au système général de la décoration. Il sera donc divisé en caissons, ou panneaux encadrés de menuiseries de bois soit naturels, soit décorés. Les caissons ou panneaux seront coupés par des ornements peints ou en relief, ou par des peintures conservant toujours, alors même que la figure y serait introduite, le caractère ornemental.

En tout cas la couleur sera appelée à jouer un rôle important dans la décoration de ce plafond.

Les concurrents présenteront, en un dessin lavé, l'ensemble du plafond avec profils à l'appui, à l'échelle de 10 centimètres pour un mètre, et un détail à leur choix au cinquième d'exécution. Ce détail devra déterminer d'une façon précise le caractère de la décoration adoptée, mais ne devra pas excéder les dimensions d'une feuille grand aigle.

DEUXIÈME CONCOURS.

La porte d'une Bibliothèque.

Cette bibliothèque fera partie d'un monument consacré aux arts, aux sciences et aux lettres dans une ville importante des départements.

La porte principale de cette bibliothèque placée au sommet d'un escalier sera de vastes proportions, encadrée dans les lignes sévères d'une architecture monumentale.

Cette porte se détachera sur le nu des murailles de pierre environnantes, par une décoration noble, d'un caractère spécial annonçant un lieu consacré à l'étude.

Cette décoration prise dans la masse de la pierre sera essentiellement architecturale et sculpturale.

L'ensemble sera renfermé dans un tracé (1) conforme au modèle ci-joint et figurant une voûte plein cintre de 5 mètres de diamètre, reposant sur deux pieds droits de 4ᵐ50 de hauteur en saillie sur le nu du mur de 80 centimètres.

La baie de porte aura 2 mètres de large sur 3ᵐ50 de hauteur.

Elle sera formée de ventaux en bronze ajourés.

Les concurrents présenteront une maquette en plâtre de l'ensemble de cette porte, à l'échelle de 20 centimètres, et un détail à leur choix de la porte en bronze grandeur d'exécution.

Ce détail ne devra pas toutefois excéder une surface de 60 centimètres superficiels.

TROISIÈME CONCOURS.

ARTICLE PREMIER. — Ce concours est réservé aux femmes artistes.

ART. 2. — Pourront être présentés pour le concours tous objets exécutés

---

(1) Ce tracé sera délivré gratuitement à toute personne s'inscrivant pour le concours, ou envoyé aux concurrents des départements qui en feront la demande par lettre affranchie.

pour une industrie quelconque relevant de l'art, sous la condition que la composition décorative de l'objet présenté aura pour auteur une femme artiste qui l'aura ensuite exécuté.

ART. 3. — Toute concurrente sera, en conséquence, tenue de déposer une déclaration signée attestant qu'elle est l'auteur de la composition et de son exécution.

ART. 4. — Tous les objets réunis dans cette catégorie concourront ensemble pour les récompenses.

ART. 5. — Deux prix, le premier de 500 francs, le second de 250 francs, sont accordés pour ce concours, ainsi que des mentions honorables.

ART. 6. — Les concurrentes qui auront remporté les prix devront déposer pour la bibliothèque de l'*Union centrale* un dessin rehaussé de l'objet qui aura été primé.

ART. 7. — Ce concours sera jugé par les Présidents et Secrétaires de toutes les sections du Jury général de l'industrie, auxquels seront joints six membres du Jury des Écoles délégués par ce jury spécial.

Le Président de la Sous-Commission de l'Industrie,

PAUL SÉDILLE.

Approuvé par la Commission consultative,

Le Président de la Commission consultative,

A. LOUVRIER DE LAJOLAIS.

Le Secrétaire-archiviste,

C. MINORET.

Avis de la section des Expositions au Conseil d'Administration sur le rapport de la Commission consultative.

MESSIEURS,

Votre section des expositions a examiné le travail de la Commission consultative sur l'Exposition de l'Industrie en 1876. Elle a pensé qu'il était avant tout nécessaire de vous lire en entier le rapport très-étudié et très-complet que M. Minoret a rédigé sur les conclusions de la Commission consultative. — Nous nous bornons à quelques observations de détail; car les propositions faites pour l'année prochaine paraissent utiles à adopter et bonnes à mettre en pratique.

Pour l'admission, rien n'est changé aux anciennes conditions en usage. La Commission recommande seulement de maintenir rigoureusement les principes adoptés jusqu'ici, de manière à élever de plus en plus le niveau des produits exposés; nous nous associons sans réserve à ce vœu. La Commission repousse la création d'une classe spéciale, dite des inventions scientifiques et techniques applicables à l'art, demandée par le rapporteur du jury à l'Exposition de 1874. Nous sommes d'accord avec elle sur les motifs qui en ont déterminé le rejet.

La Commission a conservé la division en trois groupes ; mais la classification a été légèrement modifiée pour la mettre en rapport avec les réclamations qui se sont élevées et pour faciliter l'étude des produits exposés. Cette nouvelle division en douze classes nous a paru heureuse et nous vous proposons de l'adopter. Elle a pensé que la première classe devait être réservée aux œuvres originales des artistes, composées pour servir de modèles à l'industrie, et que l'ancienne première classe serait divisée en deux, l'une relative à l'*Art décoratif appliqué à l'architecture* et l'autre à la *sculpture monumentale*. Elle a pensé de plus que pour provoquer une exposition plus nombreuse et, eu égard aux frais que l'artiste est obligé de faire sans avoir encore pu tirer profit de son œuvre, il serait utile d'exonérer de tous frais les exposants de cette classe qui enverront des projets n'ayant pas encore été suivis d'une exécution industrielle.

Vous aurez à vous prononcer sur cette nouvelle condition. Quant à nous, nous pensons que c'est là une idée heureuse et féconde dont l'industrie et l'art doivent tirer un mutuel profit, et si nous pouvions ainsi créer le Salon bisannuel des arts appliqués, combien serait grande l'excitation à la production artistique et quel parti pourrait en tirer notre industrie nationale en mettant plus fréquemment en rapport l'artiste et l'industriel !

Un jury d'admission spécial devrait, dans notre pensée, présider à la formation de cette Exposition et n'admettre que des œuvres vraiment dignes d'y figurer.

La Commission a pensé que les récompenses, pour être recherchées, ne devaient plus être prodiguées. Elle vous demande de fixer à l'avance à douze le nombre des médailles d'or, avec droit pour le jury de les distribuer entre toutes les classes, sans obligation d'en attribuer une à chacune d'elles. Nous approuvons complétement cette proposition, mais à la condition que les présidents et secrétaires des classes auront seuls le droit de décider en conseil l'attribution des médailles d'or et devront en soumettre la révision à une commission formée du président du jury et des trois présidents des groupes.

La Commission consultative nous avait tout d'abord proposé deux concours pour les artistes de l'industrie : chacun de ces concours devait avoir trois prix. Nous avons pensé qu'il y avait plus d'intérêt à ne donner que deux prix, mais créer un programme de concours de plus, et nous avons adressé cette observation à la Commission consultative, qui a eu alors la pensée d'appeler les femmes artistes à un concours spécial. Nous ne pouvons que vous demander d'approuver avec nous ce projet complémentaire et qui varie les programmes dans le sens que nous lui avions demandé.

Au nom de la section des Expositions,
HENRI BOUILHET.

Approuvé par le Conseil d'Administration.

Le Président du Conseil,
EDOUARD ANDRÉ.

Le Secrétaire du Conseil,
ERNEST LEFÉBURE.

PARIS. — TYPOGRAPHIE A. POUGIN, 13, QUAI VOLTAIRE. — 3812.

UNION CENTRALE

DES

BEAUX-ARTS

APPLIQUÉS A L'INDUSTRIE

5e EXPOSITION

ORGANISÉE AU PALAIS DE L'INDUSTRIE EN AOUT 1876

DOCUMENT N° 2

SOMMAIRE

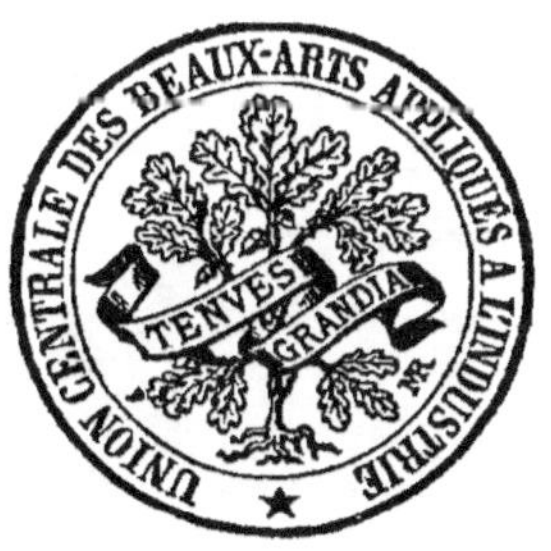

PARIS

BUREAUX, ADMINISTRATION ET RÉDACTION

3, PLACE DES VOSGES, 3

1875

UNION CENTRALE

DES

BEAUX-ARTS APPLIQUÉS A L'INDUSTRIE

5ᵉ EXPOSITION

ORGANISÉE AU PALAIS DE L'INDUSTRIE EN AOUT 1876

ÉCOLES DE DESSIN

Rapport de la Commission consultative au Conseil d'administration

Rapporteur : M. Auguste RACINET.

MONSIEUR LE PRÉSIDENT,
MESSIEURS,

La Commission consultative croit devoir aujourd'hui, sur le rapport de sa sous-Commission des Écoles, vous proposer pour la prochaine exposition, la suppression momentanée de l'exposition libre des produits des écoles de dessin, et son remplacement par une nouvelle extension des concours déjà institués. Avant de vous soumettre le projet de règlement déterminant le caractère de ces concours, nous avons à vous faire connaître les considérations sur lesquelles il s'appuie.

Nous n'avons point à vous retracer l'histoire de l'*Union centrale*. Nous vous rappellerons seulement l'esprit de ses traditions pour ce qui concerne l'enseignement du dessin dans les écoles où se forment nos artisans. Vous avez compris de bonne heure ce qui aujourd'hui (les statistiques économiques y aidant) est devenu une vérité élémentaire : c'est que le sort, la prospérité des industries dont vous vous occupez, est intimement lié à cette question de la qualité de l'enseignement reçu sur les divers points de la France ; et que le maintien de notre suprématie dépend certainement des élèves en formation pour l'avenir. Chacun de vous sait, sous ce rapport, ce que l'*Union centrale* n'a cessé de poursuivre avec une fermeté et une unité de vues vraiment rares. Au moment où elle fut organisée par vous, la première Exposition libre des Écoles de dessin était bien la chose la plus nécessaire que l'on pût entreprendre.

Le comte de Laborde avait, dès 1851, jeté un cri d'alarme en signalant les nombreuses fondations d'écoles, faites chez eux par les Anglais, à la suite de la première Exposition universelle. Mérimée, dix ans après le rapport de 1851, venait confirmer le danger encouru par nos industries, qui semblaient comme indifférentes en face de l'activité de nos voisins. En admettant, sans contrôle préalable, tous les produits qui nous furent envoyés pour l'Exposition des Écoles, vous voulûtes arriver à reconnaître, aussi exactement que possible, ce qu'il était permis d'attendre des pratiques en vogue dans la pluralité de nos écoles élémentaires. A ces exhibitions vous joignîtes bientôt l'institution de concours effectués sur place, afin de compléter l'épreuve et d'obtenir la véritable résultante d'un volumineux ensemble d'études, paraissant pour la plupart un peu faites à l'aventure.

Cette investigation, cette enquête, a duré douze années ; elle s'est étendue sur quatre Expositions largement espacées. La première ne fut qu'un point de départ ; pendant les trois autres on prit soin d'observer quelles seraient les modifications apportées dans l'enseignement général, par suite de l'élaboration des principes que l'*Union*, avec une action incessante, s'appliquait à mettre en lumière ; car on avait senti, dès le premier moment, la nécessité d'une évolution considérable. Des travaux importants, dus aux hommes les plus autorisés, se sont succédé pour démontrer ce qui doit constituer un enseignement rationnel et fécond, depuis les premiers pas jusqu'à ses points d'arrivée. Ces principes généraux reçurent leur consécration définitive dans le Congrès International réuni à Paris en 1869, congrès auquel participèrent plus de cent professeurs, artistes et fabricants. Il semblait naturel de conclure de ces précédents que l'*Union centrale*, en reprenant sa tâche et rouvrant ses lices scolaires, allait, enfin, à sa quatrième Exposition, trouver des résultats en rapport avec les efforts qu'elle n'a cessé de faire depuis sa fondation. Eh bien ! il a fallu reconnaître que la dernière épreuve n'a pas donné ce que l'on croyait pouvoir en attendre ; les progrès, car il y en a de réels, d'importants même, se sont réalisés sur un trop petit nombre d'élèves. L'action de l'*Union centrale* a été véritablement beaucoup plus sensible au dehors de nos écoles qu'elle ne l'a été au dedans ; l'ensemble de nos produits, soit purement décoratifs, soit usuels, où l'industrie et l'art s'unissent, en fournit le témoignage éloquent ; ces produits n'ont cessé de s'améliorer depuis quelques années, et l'*Union centrale* peut certainement revendiquer sa bonne part dans ce mouvement, dont elle voudrait assurer la durée et accélérer encore la progression.

A quoi donc faut-il attribuer cette stérilité relative de la semaison la plus importante peut-être de celles dont s'occupe l'*Union* ? Nous avons dû en rechercher les causes, revoir ce qui a été fait, essayer de reconnaître ce qu'il y a à faire, et surtout, ce qu'il nous est possible de tenter, pour arriver à obtenir l'application dans l'enseignement général des principes émis, auxquels aucune sanction n'a manqué.

La création d'une école spéciale où auraient été formés, selon les principes de l'*Union centrale*, des Normaliens chargés de les propager dans l'enseignement, a été un des rêves caressés jadis. Les événements publics ont empêché la poursuite de ce projet difficile et lourd à réaliser ; il a été définitivement abandonné. L'*Union* doit donc continuer la tâche qu'elle a entreprise avec ses moyens d'action ordinaires, la démonstration, la persuasion. Pour les rendre plus efficaces, peut-être est-il devenu nécessaire de concentrer tour à tour vos efforts sur des points très-précis, afin d'obtenir successivement des résultats directs et définitifs.

En dirigeant votre action sur la première et l'unique question dont nous vous proposons de vous occuper pour le moment, c'est-à-dire la révision des bases de l'enseignement professé dans les écoles, ne serait-il pas utile, aujourd'hui, de mettre un terme à de certaines indécisions, que des circonspections, sans doute nécessaires, ont laissées dans bien des esprits ? C'est d'un accord unanime que vous avez condamné, comme étant le plus stérile, l'exercice qui consiste dans la copie servile des modèles graphiés ; l'expérience vous a démontré la vanité de ces études plus ou moins proches du fac-simile, où les facultés mentales des élèves ne sont point mises en jeu ; elles absorbent un temps précieux, qu'il faut remplacer un jour ou l'autre, alors que l'on s'est cru avancé, ce qu'à son véritable dommage le plus grand nombre ne peut faire. — La certitude possédée par vous, sous ce rapport, n'a cependant pas eu la conséquence logique qui en devait résulter ; au lieu de conclure immédiatement qu'il fallait, avant toute chose, mettre l'élève en face de l'objet en nature, du solide élémentaire, et que sa mise en regard de l'estampe ne devait s'effectuer qu'à un certain degré de l'étude, la question s'est quelque peu égarée dans la critique des modèles graphiés en usage ; si bien, qu'au lieu d'entendre la condamnation radicale d'un système vicieux, le public a pu comprendre, en vous voyant désigner les pires, qu'il ne s'agissait au fond que du choix des modèles.

Vous aviez, à votre début, de tels courants à remonter, qu'il vous fallait user de beaucoup de prudence. L'erreur à combattre n'était pas d'hier ; et en fondant l'école royale gratuite de dessin, le généreux peintre Bachelier l'ayant commise, cette erreur, son malheureux exemple a servi depuis plus d'un siècle à toutes nos écoles élémentaires. Avons-nous besoin de dire que ce n'est pas sans un vif regret que nous mettons en cause l'action d'un homme de bien, cher à tous, et particulièrement à l'*Union centrale*, dont il fut l'un des plus zélés et des plus persévérants précurseurs. Mais nous ne pouvons échapper à cette nécessité.

Des documents authentiques (1) récemment publiés sur la fondation de Bachelier, nous ont fourni la constatation de la cause majeure de l'erreur contre laquelle il nous faut réagir aujourd'hui. Ces documents, émanés du fondateur même, démontrent que Bachelier eut, dans l'exercice du dessin copié, une telle confiance, qu'il attendait pour ses élèves, de la seule variété des modèles, une *instruction complète*, c'est son expression même ; c'est en raison de cette prévision qu'il fit exécuter pour modèles dans tous les genres, un nombre considérable de gravures, en façon de crayons, alors fort à la mode et qu'il institua dans son école, avec une confiance entière, le fac-simile sous les quatre espèces : figures, animaux, ornements et fleurs, ne se doutant guère que, pour cette opération toute manuelle, la variété des modèles est absolument indifférente, et l'effort si borné et si coûteux qu'on peut le dire improductif.

La fondation de cet homme de tant de bonne volonté a prospéré, grâce à son école d'architecture, qui fut toujours bonne ainsi que celle des mathématiques, et ensuite, grâce aux adjonctions d'études et d'enseignements qu'on n'a cessé d'y apporter. Il était difficile de distinguer du dehors que le système consistant dans

---

(1) L'*École royale des élèves protégés*, par Louis Courajod, attaché à la direction des Musées nationaux. — Paris, Dumoulin, 1874.

l'exercice unique du dessin copié d'après l'estampe, pour acquérir les connaissances variées énumérées par un fastueux programme d'études était, en réalité, étranger à cette prospérité de l'ensemble, et qu'entaché d'un vice originel, il n'a jamais donné de résultats véritablement satisfaisants. C'est ce qui fut cause que, sans autre examen, toutes nos écoles élémentaires s'y trouvèrent conformées et, pour la plupart, le sont encore. — Chose curieuse ! à l'exception de quelques professeurs isolés, impuissants, on ne le discutait jamais, ce système ! on ne s'en prenait de l'insuccès qu'aux graphiés servant de modèles ; on délaissait les types anciens pour des types nouveaux ; on n'accusait tour à tour que leur insuffisance. — Mille suites de dessins de toutes factures, portant le nom de méthodes, ont vainement cherché à y remédier. — Après des engouements successifs, on sent aujourd'hui que si la voie était bonne, la méthode serait encore à faire. La vérité est que l'arbre est stérile, et qu'il ne faut pas lui demander de produire des fruits qu'il ne saurait porter.

Ce que l'*Union centrale* recommande de substituer à ces routines, c'est l'usage et l'exercice simultané des facultés matérielles et mentales ; elle ne considère comme utile que le dessin résultant d'une manifestation de l'intelligence ; c'est pour elle un principe absolu qu'il est indispensable d'initier tout de suite les commençants à des pratiques dont ils ressentiront les avantages dans toutes les carrières, et que pour les gens de métiers, de beaucoup les plus nombreux, entre les mains de qui le dessin même n'est pas le but, mais l'intermédiaire obligé entre la conception et l'exécution, il n'y a de sérieusement profitable que le dessin ayant, autant que possible, les caractères d'une science exacte. Ce n'est qu'en face d'un *solide* que les doubles facultés trouvent à s'exercer pour leur éducation commune ; elles sont en jeu pour le concevoir, en embrasser l'ensemble, en déterminer et tracer les proportions, et surtout lorsqu'il s'agit de le décomposer pour en obtenir soit le géométral, soit l'élévation sur un plan perspectif.

L'usage du dessin ayant pour objet le tracé de la structure des choses dans toutes leurs parties, tracé d'ensemble et tracé du géométral sous les divers aspects, devant être utile à tous et important à tous les avenirs, on comprendra que nous insistions sur une proposition fondamentale, si parfaitement en harmonie avec le principe de la non-division et de la simultanéité des études que vous n'avez cessé de préconiser.

Maintenant, messieurs, nous n'avons pas à nous dissimuler que ce changement d'assises va prendre au dépourvu la généralité des professeurs, et qu'avec la meilleure volonté du monde, il en est qui seront fort embarrassés. Il faudra à nos adhérents un zèle véritable pour abandonner l'usage, si commode pour le maître, du modèle graphié, et y substituer le modèle solide que peut concevoir un débutant. Il nous sera demandé très-probablement quelques conseils et indications (1); et une association comme la nôtre en a réellement à fournir qui pourront être de quelque utilité. Nous ne pensons pas, malgré sa réserve, que l'*Union* reculera devant cette obligation. — L'année dernière, une école de province nous a déjà demandé un programme d'études ; cet honneur fait à l'*Union centrale* montre assez qu'elle ne saurait, sans danger, demeurer absolument dans la région sereine des principes initiaux, et que l'on en espère davantage.

---

(1) Discours prononcé à l'assemblée générale annuelle des *Antiquaires de Normandie* à Caen, Juin 1877.

D'ailleurs, nous serons secondés. Ainsi nous pouvons annoncer dès maintena n qu'une publication périodique du plus bas prix va être créée en vue des nouveaux besoins par un de nos collègues. Nous espérons que le vœu que nous n'avons cessé d'exprimer depuis 1865 en faveur de l'obligation de l'enseignement du dessin dans tous les établissements, à quelque degré qu'ils appartiennent, sera réalisé. Déjà la Ville de Paris, sur l'initiative de M. Gréard, avait inscrit le dessin dans les matières obligatoires de son enseignement primaire. Le discours prononcé à Caen (1) par M. le marquis Ph. de Chennevières annonce publiquement, ce que nous savions déjà, que l'actif et intelligent directeur des Beaux-Arts se préoccupe d'étudier avec son collègue de l'enseignement primaire le moyen d'étendre à toutes les écoles de France le bénéfice de cette mesure, et nous osons croire que l'éducation des enfants de ces écoles ne s'éloignerait guère des principes que nous avons émis, et que cette première éducation allégera, dans un avenir assez rapproché, la tâche un peu lourde qui incombe aujourd'hui aux professeurs en exercice. — Nous pouvons donc espérer voir se réaliser un jour l'un de nos rêves les plus caressés : c'est que chacun, familiarisé dès les premiers pas avec l'analyse des choses, et initié de bonne heure aux pratiques qui rapprochent le dessin des sciences exactes, en arrive à en user, au besoin, sans le secours des instruments de précision, pour relever ici une forme, là un détail, avec cette cursive précieuse, chiffrée par les plus habiles, dont font si grand usage les hommes spéciaux. — Quel avenir ! Quelle amélioration pour nos industries, si la supériorité de notre goût se trouvait ainsi généralement secondée !

Vous vous êtes toujours défendus, messieurs, de patronner aucune méthode : est-il nécessaire d'aller au-devant de toute objection à cet égard et de faire remarquer qu'il ne s'agit ici que de principes d'enseignement, et non des méthodes qui pourront naître pour leur application ? — Nous ne nous sommes donc pas égarés de ce côté.

Un dernier mot avant de passer à l'exposé des principes de notre nouveau règlement. Si l'évolution que nous estimons nécessaire semble aujourd'hui comme une innovation, la faute n'en est pas à nous. Outre qu'il ne s'agit réellement que de ramener dans l'éducation des pratiques de toute ancienneté, il est facile de concevoir que l'innovation provient de ceux qui ont donné à la gravure, au dessin copié (qui jusqu'au milieu du dix-huitième siècle ne fut que l'un des contingents de l'enseignement), une importance si capitale qu'ils n'ont pas craint d'en espérer, nous le répétons, une instruction complète. Si nous n'avons plus à notre disposition ces générateurs puissants pour l'éducation générale, que fournissaient jadis sur tous les points de notre pays les chantiers où s'élevaient nos merveilleuses cathédrales, et dont plusieurs, comme celui de Notre-Dame de Paris, existèrent pendant près de deux siècles; si nous n'avons plus les académies provinciales de moindre valeur qui leur ont succédé, nous avons des moyens d'expansion, de communication plus faciles que n'en possédaient nos aïeux, et c'est de l'emploi, avec suite, de ces ressources modernes qu'il nous faut espérer

---

(1) N'oublions pas que l'*Union centrale* a été appelée à Angers en 1870 et à Blois cette année à donner son concours aux Expositions des écoles de dessin. La distribution qu'elle fait avec une très-grande prudence de ses encouragements est une affirmation publique de ses principes.

de nous faire connaître, avec cette conviction que dans un pays sagace comme le nôtre, aucune vérité ne saurait être perdue. Ce n'est donc rien innover, rien inventer, rien risquer que d'essayer de se rapprocher de l'éducation évidente que recevaient les anciens artisans dont nous connaissons l'heureuse fécondité.

MONSIEUR LE PRÉSIDENT,

MESSIEURS,

Le règlement a été conçu en ce sens que notre Exposition des Écoles doit devenir un champ d'action directe pour l'application des principes que nous recommandons. Le temps de l'exploration a duré douze années. Renseignés comme nous le sommes sur les pratiques en vogue, ces trois olympiades nous paraissent suffisantes, et on ne verrait plus bien l'utilité d'exhibitions de même nature. Comme nous ne saurions prétendre voir abandonnées, du jour au lendemain, des pratiques d'enseignement condamnées par nous, et que cependant on pourrait croire que nous nous soucions de leurs produits et supposer que nous les convions, en continuant à les exposer publiquement, il est nécessaire de nous faire bien entendre et de faire ouvertement connaître que, cessant de nous y intéresser, nous ne nous attachons plus qu'aux études poursuivies conformément aux principes dont nous avons fait le rappel.

Le règlement vous propose donc de n'exposer en 1876 :

1º Que les résultats de concours entre similaires, exécutés sur place par les écoliers de Paris et du département de la Seine, après des épreuves d'admission ;

2º Que le résultat d'études exécutées en province, sur des programmes émanant de l'*Union centrale*, et formant entre les similaires un concours général.

Les uns et les autres concours ont le caractère individuel.

Le principe des récompenses décernées à l'École étant supprimé, il a été donné une extension nouvelle à l'institution des concours. Il était logique à nous que préoccupent les débuts même de l'enseignement, d'y appeler les élèves primaires, et c'est ce qui a été fait.

Quant au Jury appelé à juger ces concours, nous vous proposons, monsieur le Président, de le faire nommer tout entier par le conseil de l'*Union centrale*. Nous avons été amenés à cette solution par deux considérations : la première, d'ordre majeur pour nous, c'est que l'*Union* ouvrant des concours seulement, il lui appartient de les faire juger conformément à ses doctrines, très-affirmées en ce moment ; la seconde est tirée d'un fait pratique : il était impossible d'admettre au vote des concurrents tous jeunes, divisés par leurs écoles, et d'ailleurs se succédant à chaque concours. Il y aurait eu autant de jurys que d'épreuves, et nous aurions été de plus dans l'impossibilité de rassembler chaque jury en temps utile.

CONCOURS DES ÉCOLES DE DESSIN

L'*Union centrale*, dans le but d'aider, comme elle l'a déjà fait, à développer l'enseignement des arts du dessin, organise pour le courant de l'année 1876 :

1° Une série de concours de dessin qui seront exécutés au Palais des Champs-Élysées ;

2° Des concours de dessin qui seront exécutés dans les établissements, institutions, lycées et écoles des départements.

TITRE PREMIER.

Des Concours au Palais des Champs-Élysées.

ARTICLE PREMIER. — Les concours au Palais des Champs-Élysées auront lieu pendant.l'Exposition faite en 1876 par l'*Union centrale*, dans des salles spéciales qui seront ultérieurement désignées et sous les yeux d'une Commission nommée par l'*Union centrale*.

ART. 2. — Ces concours sont les suivants :

1° (A) Un concours pour les élèves des écoles primaires (garçons) de la ville de Paris et du département de la Seine ;

(B) Un concours pour les élèves des écoles primaires (filles) de la ville de Paris et du département de la Seine ;

2° (C) Un concours pour les élèves (hommes) des écoles nationales de la rue de l'Ecole-de-Médecine, des Gobelins, des écoles subventionnées de la ville de Paris ;

(D) Un concours pour les élèves (filles) de l'école nationale de la rue de Seine et des écoles subventionnées de la ville de Paris ;

3° Un concours pour les élèves des écoles du soir (adultes) de la ville de Paris, des écoles des Frères de Passy et de la rue Oudinot, des lycées et collèges de Paris, des institutions municipales Chaptal, Turgot et de l'école Monge.

4° Un concours pour les élèves des cours spéciaux fondés par la Chambre syndicale de la bijouterie, la Chambre de commerce, le pensionnat de Saint-Nicolas, dirigé par les Frères, et les élèves des ateliers ;

5° Un concours pour les élèves (filles) des écoles professionnelles de jeunes filles, ateliers et institutions particulières.

ART. 3.— Seront admis à ces concours tous les concurrents, filles ou garçons, qui justifieront qu'ils sont élèves inscrits dans l'une des catégories citées à l'article 2, et qui se seront fait inscrire pour le concours de l'*Union centrale* dans les délais indiqués par l'affiche spéciale qui sera publiée au 1er juillet 1876.

ART. 4.— Les sujets de concours seront des compositions pour toutes les catégories autres que celles des écoles primaires (garçons et filles). A cette classe seule de concurrents il sera demandé un concours de copie d'après le modèle en nature.

Les programmes des divers concours seront donnés le matin même du jour du concours.

Art. 5. — Chaque concours se composera : 1° d'une épreuve d'essai qui sera jugée immédiatement; 2° de l'épreuve définitive. Les deux épreuves seront faites dans la même journée.

Les concours de l'épreuve définitive seront exposés publiquement, avant et après le jugement, dans une salle spéciale de l'Exposition de l'*Union centrale*.

Art. 6. — Il y aura pour chaque concours un premier prix, un second prix et un nombre de mentions classées en rapport avec le nombre des concurrents et l'importance des résultats du concours.

Les prix consistent en Diplôme avec récompense en argent pour les lauréats, et médaille avec Diplôme pour l'école à laquelle ces lauréats appartiennent.

Les mentions seront reconnues par un Diplôme en double expédition, l'une pour le lauréat, l'autre pour l'école à laquelle il appartient.

La valeur des récompenses est fixée de la manière suivante :

Écoles primaires : Premier prix 60 francs, second prix 30 francs.

Écoles subventionnées : Premier prix 100 francs, second prix 50 francs.

Écoles du soir, adultes : Premier prix 100 francs, second prix 50 francs.

Cours spéciaux : Premier prix 100 francs, second prix 50 francs.

Écoles professionnelles de jeunes filles : Premier prix 80 francs, second prix 40 francs.

Tous ces prix seront délivrés sous la forme de livrets de caisse d'épargne.

Les médailles attribuées aux écoles seront en argent pour les premiers prix et en bronze pour les seconds prix.

TITRE II

Des Concours qui auront lieu dans les Établissements des départements.

Art. 7. — Ces concours sont les suivants :

1° Un concours pour les élèves des lycées ;

2° Un concours pour les élèves des colléges ;

3° Un concours pour les écoles municipales de Limoges, Douai, Toulouse, Marseille, Nantes, Rouen, Lyon et les écoles nationales de Lyon et de Dijon.

4° Un concours pour les élèves des écoles municipales autres que celles désignées à l'alinéa précédent.

Art. 8. — Les sujets de concours seront des compositions pour les écoles municipales désignées à l'alinéa 3 de l'art. 7, et des concours de copie d'après le modèle en nature dans les trois autres catégories.

Les programmes des divers concours seront envoyés avant le 1er janvier 1876 aux institutions qui s'engageront à concourir et qui se seront fait inscrire avant le 30 novembre 1875, terme de rigueur.

Nota. L'*Union centrale*, comme elle l'a fait en 1869, pourra procurer à des prix très-réduits les modèles destinés aux concours des départements. Les écoles devront en supporter les frais d'envoi.

ART. 9. — Chaque établissement qui se sera fait inscrire pour les concours pourra envoyer à l'examen du jury de l'*Union centrale* quatre dessins de concours par chaque série de vingt élèves inscrits aux cours de dessin.

Ces dessins, qui auront été choisis par les directeurs et professeurs de l'établissement, seront adressés en feuille, franco, *et non classés*, au secrétaire général de l'*Union centrale*, au Palais des Champs-Élysées, du 1er au 10 juillet 1876, terme de rigueur.

Modèle d'adresse pour les envois :

FRANCO.

A M. le Secrétaire général de l'Union centrale des Beaux-Arts appliqués à l'Industrie, au Palais des Champs-Élysées, Paris.

Envoi de (Nom et Prénoms)

demeurant à

Nature des produits : Dessins pour les concours.

Les dessins seront signés au verso par l'élève et par le directeur ou professeur qui devra, de plus, faire accompagner son envoi d'une feuille contenant la réponse aux questions posées par l'*Union centrale* ; cette feuille sera adressée aux établissements en même temps que les programmes du concours.

Récompenses.

1° LYCÉES

ART. 10. — Il y aura pour le concours des lycées, un premier prix, un second prix et un nombre de mentions classées en rapport avec le nombre des concurrents et l'importance des résultats du concours.

Les prix consistent en livres d'art, accompagnés d'un Diplôme pour le lauréat.

Des médailles d'argent pour les premiers prix, de bronze pour les seconds prix seront en outre décernées avec un Diplôme aux établissements dont les lauréats sont les élèves.

Les mentions sont reconnues par un Diplôme en double expédition, comme il est dit à l'art. 6.

2° COLLÉGES

Mêmes dispositions.

3° ÉCOLES MUNICIPALES DE LIMOGES, DOUAI, ETC...

Mêmes dispositions, avec cette différence qu'aux prix de livres seront ajoutés un livret de caisse d'épargne de la valeur de cent francs pour le premier prix, et un livret de cinquante francs pour le second prix.

4° ÉCOLES MUNICIPALES AUTRES QUE LES PRÉCÉDENTES

Mêmes dispositions, avec cette différence qu'aux prix de livres seront ajoutés un livret de quatre-vingts francs pour le premier prix, et un livret de quarante francs pour le second prix.

ART. 11. — Les dessins de concours envoyés par les départements seront exposés publiquement, avant et après le jugement, dans une salle spéciale de l'Exposition de l'*Union centrale*.

Disposition commune à tous les concours.

ART. 12 — Les dessins qui auront obtenu des récompenses, tant dans les concours exécutés à l'Exposition que dans les concours exécutés dans les établissements départementaux, appartiendront à l'*Union centrale*, qui les déposera dans sa bibliothèque ; néanmoins les lauréats des concours de composition auront la faculté d'en prendre une copie, et conserveront leur droit de propriété et de reproduction.

TITRE III

Du grand prix de l'Union centrale

ART. 13. — Voulant favoriser d'une façon tout exceptionnelle le développement des études d'art, l'*Union centrale* maintient le prix dit : Grand prix de voyage de l'*Union centrale*, fondé par elle en 1869.

Le concours pour ce prix sera précédé d'une épreuve d'essai.

Cette épreuve et le concours définitif auront lieu dans un local spécial qui sera désigné ultérieurement et sous les yeux d'une commission nommée par l'*Union centrale*.

ART. 14. — Seront admis à l'épreuve d'essai tous les concurrents qui se présenteront en justifiant qu'ils sont âgés de moins de 25 ans au 1er janvier 1876.

ART. 15. — Prendront part au concours définitif les concurrents désignés par le jury parmi ceux qui auront subi l'épreuve d'essai.

ART. 16. — L'épreuve d'essai consistera dans un travail de copie fait en une journée, d'après un modèle en nature qui sera donné par l'*Union centrale*, et qui sera exécuté en dessin ou lavis (1).

ART. — 17. — Le concours définitif sera fait en quatre journées, dont une pour l'esquisse, qui devra être arrêtée et laissée en original au président du concours; les trois autres jours seront consacrés à l'exécution rendue de la composition.

Le sujet du concours sera une composition d'art appliquée à l'industrie; elle pourra être exécutée en dessin ou en terre, au choix des concurrents.

---

(1) Le concours d'essai ne pourra plus être modelé. L'expérience des derniers concours a déterminé l'*Union centrale* à exiger que les sculpteurs modeleurs subissent une épreuve de dessin. Décidée à poursuivre avec insistance la simultanéité des études, elle ne doit laisser échapper aucune occasion pour atteindre ce but

La composition devra être conçue de façon à pouvoir être susceptible d'exécution industrielle.

Le programme du concours définitif sera donné le matin du jour de l'ouverture du concours.

ART. 18. — Les épreuves d'essai et le concours définitif seront exposés publiquement avant et après le jugement.

ART. 19. — L'*Union centrale* mettra à la disposition du lauréat désigné par le jury une somme de huit cents francs, qui devra être employée en frais de voyage. Les deux concurrents qui seront classés avec les n°s 2 et 3 obtiendront chacun une somme de cent francs et un prix de livres.

Le voyage étant spécialement destiné à compléter l'éducation artistique du lauréat, celui-ci sera tenu, à son retour, de présenter au président de l'*Union centrale* les cahiers de croquis et de dessins qu'il aura faits pendant la durée de son voyage, et d'adresser une correspondance qui permette à l'*Union centrale* de juger de l'emploi de son temps.

Il sera rendu compte publiquement de ces travaux à la distribution solennelle des prix de l'Exposition qui suivra l'Exposition de 1876.

TITRE IV

Du Jury

ART. 20. — Les membres du jury chargés d'apprécier la valeur des concours seront nommés par le conseil d'administration de l'*Union centrale*.

ART. 21. — Il sera fait par les soins du jury un rapport détaillé sur les concours.

ART. 22. — Le jugement relatif aux concours sera rendu dans le courant de l'Exposition, et les ouvrages couronnés mis à une place d'honneur avec la mention de la récompense qu'ils auront remportée.

ARTICLE ADDITIONNEL

(16 et 17 *du règlement général de l'Exposition*)

Le conseil d'administration prendra toutes les mesures nécessaires pour préserver les objets exposés de toute chance d'avaries; mais, dans le cas de dégâts ou d'incendie, le dommage resterait à la charge de l'exposant.

Les œuvres seront surveillées par un personnel convenable; mais le président de l'Exposition, ainsi que l'Administration de l'*Union centrale*, ne seront pas responsables des vols ou détournements qui pourraient être commis.

Le Président de la Sous-Commission des Écoles,

PAUL MANTZ.

Approuvé par la Commission consultative.

Le Président de la Commission consultative,

A. LOUVRIER DE LAJOLAIS.

Le Secrétaire-archiviste,

C. MINORET.

Avis de la section des Écoles au Conseil d'administration sur le rapport
de la Commission consultative.

Nous venons, messieurs, vous rendre compte du rapport que la Commission consultative vous a adressé sur l'Exposition des écoles et nous croyons devoir attirer votre attention toute spéciale sur ce travail, qui, pour l'*Union centrale*, est du plus grand intérêt. — Il y est question, en effet, de l'enseignement actuel du dessin, de l'insuffisance des méthodes adoptées jusqu'ici, et du mode d'enseignement que l'*Union centrale* pourrait proposer pour éviter aux jeunes élèves des pertes de temps considérables, beaucoup de travail inutile et un rendement pour ainsi dire nul.

Lors du concours établi pour les écoles à la dernière Exposition, nous avons été tous frappés du résultat insuffisant de la plupart des reproductions du vase donné comme modèle à ce concours, et nous nous sommes demandé comment il se faisait, que, parmi tous ces élèves, dont les copies exposées offraient du moins une certaine habileté de main, pas une n'eût donné de ce modèle une reproduction assez exacte et assez correcte, pour qu'au besoin ce vase pût être reconstitué d'après elle.

On ne peut évidemment attribuer cette indécision dans les contours, ce manque absolu de proportions, l'absence pour ainsi dire totale de la ligne géométrale, qu'au défaut de l'enseignement qui a été donné aux élèves, au moyen de modèles graphiques.

On a eu beau varier ces modèles, remplacer les premiers, qui étaient les meilleurs, par d'autres moins heureux, les grouper en quatre espèces variées, figures, animaux, ornements et fleurs, le résultat a toujours été le même.

Déjà, aux précédentes Expositions, l'*Union centrale*, après avoir constaté l'insuffisance de cette méthode, avait tenté de réagir contre elle par des conseils éclairés. Il est temps qu'elle prenne maintenant sérieusement en main l'intérêt des jeunes gens et qu'elle propose aux professeurs une méthode toute contraire à celle suivie jusqu'ici; et il est d'autant plus de son intérêt de le faire hardiment et sans plus tarder, que d'autres, frappés comme elle de la stérilité de l'enseignement actuel, pourraient prendre les devants et lui enlever l'honneur d'avoir, la première, indiqué la fausse route dans laquelle on s'est engagé et montré la voie nouvelle à suivre.

Cette voie nouvelle consiste principalement à substituer au *modèle graphique* le *modèle en nature* et à remplacer le dessin copié par le dessin fait d'après l'objet même, mis sous les yeux de l'élève. Évidemment, pour les débutants, les commencements en paraîtront plus difficiles et plus ardus ; mais aussi en appliquant leur intelligence pour embrasser l'objet en nature, pour le décomposer et pour le représenter sous différents plans, les élèves ressentiront bientôt les avantages de ce commencement pratique, qui leur sera d'un grand secours dans toutes les carrières qu'ils pourront embrasser.

Il ne s'agit pas, en effet, de former seulement des artistes et des peintres, — et encore pour ceux-ci ces premiers principes leur font-ils souvent défaut, — mais il faut surtout envisager les avantages qui ressortiront de ce premier enseignement pour toutes les sortes de métiers. Il sera plus utile à celui qui se destine soit à l'état de menuisier, soit à celui de sculpteur, de pouvoir immédiatement et exactement relever une moulure ou un ornement quelconque, que de savoir uniquement et servilement copier un modèle graphique.

Ce que la Commission consultative propose donc à l'*Union centrale* de patronner, ce n'est pas une méthode quelconque, mais un principe d'enseignement. C'est celui d'ailleurs qu'on suivait au moyen âge et auquel nous devons tant d'admirables chefs-d'œuvre. Les modèles gravés n'existaient point alors; mais les élèves, dans les ateliers des maîtres, avaient constamment sous les yeux les objets en nature. Ils ne travaillaient, ils ne s'inspiraient que d'après eux, et leur goût et leur savoir s'en ressentaient.

Evidemment, dès le début, nous aurons à vaincre la résistance de bien des professeurs. Mais, si beaucoup persistent dans l'esprit routinier, espérons qu'il s'en trouvera quelques-uns qui, pleins d'initiative et de bon vouloir, comprendront l'avantage de ce nouvel enseignement et s'y consacreront de toutes leurs forces. Si, comme nous ne pouvons en douter, la prochaine Exposition assure à ce nouveau principe une supériorité évidente, il faudra bien qu'insensiblement toutes les écoles l'adoptent.

La Commission consultative, dont la pensée a été si nettement reproduite dans le rapport de M. Racinet, nous propose qu'en 1875 on n'expose que le résultat de concours entre similaires exécutés sur place par les écoliers de Paris et du département de la Seine, après des épreuves d'admission faites d'après *des modèles en nature*, et que le résultat d'études exécutées en province sur des programmes émanant de l'*Union centrale* et formant entre les similaires un concours général.

La Commission d'enseignement accepte ces propositions auxquelles elle vous prie de donner l'approbation du Conseil.

Elle vous propose de plus, messieurs, d'accepter aussi le principe émis par la Commission consultative pour la formation du jury des écoles, et elle vous demande d'avoir recours au dévouement des membres du jury qui a fonctionné avec tant de zèle à notre dernière Exposition scolaire, pour le travail que nous préparons pour 1876. Il semble que c'est un droit acquis pour eux de poursuivre l'œuvre si bien préparée par leurs soins dans la dernière étape.

Le Président de la Section des Ecoles au Conseil d'administration,

ALFRED-FIRMIN DIDOT.

Approuvé par le Conseil d'administration de l'*Union centrale*.

Le Président du Conseil,

EDOUARD ANDRÉ.

Le Secrétaire du Conseil,

ERNEST LEFÉBURE.

Programmes des concours pour les Lycées, Colléges
et Établissements des départements

Paris, le 11 août 1875.

A Monsieur le Président du Conseil d'administration.

MONSIEUR LE PRÉSIDENT,

Lorsque vous m'avez fait l'honneur de m'adresser l'avis de l'approbation donnée par le Conseil à l'ensemble des rapports de la Commission consultative, vous m'avez demandé en même temps un travail complémentaire sur le choix des programmes de concours de composition et d'exécution pour les établissements départementaux.

Je soumets au Conseil ce travail préparé par une sous-commission spéciale, composée de MM. Arnoux, Cl. Sauvageot, Louvrier de Lajolais, C. Minoret, Choiselat, Sensier, délégué du Conseil, et présidée par M. Racinet; la Commission consultative, réunie hier, en a entendu la lecture et, après l'avoir attentivement étudié, elle lui a donné une entière approbation.

Il est inutile, monsieur le Président, de développer de nouveau les arguments qui ont prévalu au sein de l'*Union centrale* pour faire adopter exclusivement cette année, dans les concours d'exécution, la copie du modèle en relief Cependant la Commission consultative croit devoir insister sur un point aussi capital, et elle désire que les programmes qu'elle présente aujourd'hui soient mis à l'abri de toute prévention défavorable. Il suffit pour cela d'une courte explication.

L'*Union centrale* ne partage pas la pensée trop répandue que le dessin est un art d'agrément; elle considère que son enseignement, qui s'adresse dans les lycées et les colléges, à une classe qui aura l'heureux privilége de la commande et de là consommation, et dans les écoles, à la population tout entière qui fournira des producteurs, artistes et artisans, doit être sérieux, réfléchi et réglé tout comme celui des lettres et celui des sciences.

En ce moment, cet enseignement est borné presque partout à la correction d'un dessin d'imitation, fait, le plus souvent, d'après une estampe; en sorte que l'élève ne reçoit aucune des notions élémentaires qui sont indispensables pour tirer un profit immédiat du temps qu'il consacre à l'étude du dessin. On sort des établis·sements universitaires sans savoir ce que c'est qu'un géométral, une coupe, un plan, qu'une erreur communément partagée fait ranger exclusivement dans l'ordre des études spéciales à l'architecture; il est vrai qu'on a consacré des années entières à apprendre à imiter une estampe, bien plus! une photographie, sans pouvoir se rendre compte des ombres, des reliefs, des lignes de la perspective qui modifie les formes régulières des objets.

Il ne faudrait pas dire qu'on a craint, en faisant autrement, de semer les difficultés sous les pas de l'élève. Nous savons tous combien, au contraire, on franchit vite ces prétendus obstacles. Personne ne nous objectera non plus que les courtes études qu'on doit demander comme les meilleures préparations à l'observation rigoureusement exacte des formes et des ombres sont des superfluités. Non; il faut en convenir : on a suivi la routine de la fin du dix-huitième siècle, où l'apparition du modèle gravé et propagé à peu de frais a détruit l'enseignement régulier. Le rapport de M. Racinet est concluant sur ce point.

Nous estimons qu'il faut renoncer à l'emploi exclusif d'un procédé qui n'est point un enseignement, et nos concours d'exécution ont pour objet de démontrer combien il est facile de le faire. Nous sommes même persuadés que les résultats dépasseront nos espérances.

Nous n'avons naturellement demandé, en traçant la voie, que les plus simples applications, qu'on obtiendra facilement avec un peu de bonne volonté et de réflexion. Le niveau de l'intelligence est assez élevé dans les lycées et les collèges pour que la surprise d'un concours nouveau n'y excite que l'ardeur et l'émulation. Il n'y a dans nos programmes, en y regardant de près, qu'une opération fort simple à ajouter à un exercice qui doit être familier. Cette opération, nous avons eu le soin de la rendre accessible à tous en joignant à nos programmes une feuille contenant un exemple similaire, que notre collègue, M. Cl. Sauvageot, a bien voulu dessiner pour cet objet. La besogne est donc bien facilitée.

Le modèle choisi pour les écoles municipales, qui consacrent plus de temps aux études du dessin, est un peu plus difficile; nous l'avons entouré des mêmes précautions.

Quant au programme pour le concours de composition, qui est fait pour des écoles fortes, nous l'avons conçu et adopté en vue de nous assurer que l'instruction donnée dans ces écoles n'a pas seulement pour objet de développer les facultés imaginatives; s'il en était ainsi, notre programme aurait l'avantage d'éveiller l'attention des professeurs sur de nouvelles et impérieuses nécessités.

Les différentes opérations que nous réclamons, en les graduant dans les divers concours, l'obligation de faire une réduction dans la copie d'après le relief, — ce que nous avons exigé d'ailleurs dans nos précédents concours, — sont une introduction dans un champ qui n'est pas nouveau, mais qui est resté fermé depuis longtemps. L'essai qui, grâce à la bonne volonté de tous, sera fait l'année prochaine, permettra de juger, nous l'espérons, que nous ne nous sommes pas trompés.

Un fait est certain, monsieur le Président; tout le monde convient qu'il est urgent de modifier et d'améliorer un enseignement qui, tous les jours, voit s'accroître le nombre des élèves. Nos concours ne seraient-ils que de simples moyens de constatation entre les forces relatives des écoles, qu'ils apporteraient avec eux un moyen de contrôle, auquel l'administration puisera les meilleurs éléments pour les travaux qu'elle ne peut tarder à entreprendre, si elle s'inquiète des progrès accomplis à l'étranger.

Recevez, monsieur le Président, les assurances nouvelles de ma considération la plus distinguée.

Le Président de la Commission consultative,
A. LOUVRIER DE LAJOLAIS.

Aux Professeurs

L'*Union centrale*, en émettant ses programmes de concours pour les écoles de province qui voudront participer à l'Exposition de 1876, s'est attachée à les mettre en harmonie avec l'esprit de son rapport sur les écoles.

La liberté la plus large est donnée quant à la composition, afin qu'il soit possible aux concurrents, généralement apprentis des divers métiers, d'employer les matériaux qui leur sont le plus familiers. — Cette liberté se combine avec l'obligation étroite de tracer, à côté de l'ensemble de leur imaginative, les études exactes qui constituent le modèle d'exécution. — Aucun procédé n'est plus propre à régler l'imagination des jeunes gens, puisque le caractère de tous les détails d'une composition subit de profondes différences selon la nature de la matière mise en œuvre.

Nous adjurons les professeurs de vouloir bien nous seconder.

Nous nous appliquons à éclairer la route à suivre; nos travaux tendent à accroître l'étendue de leur action. Nous n'agissons nullement pour les troubler; c'est sur leur bonne volonté, sur leur concours que nous fondons nos meilleures espérances.

C'est à eux qu'il appartient de nous mieux entendre; c'est par eux que les élèves devront être initiés aux pratiques que nous recommandons. L'objectif de l'éducation première, telle que nous l'entendons, leur est maintenant connu, et d'ailleurs il est tout entier dans la formule suivante :

FAIRE QUE LES ÉLÈVES SACHENT RELEVER ET DESSINER UN OBJET EN NATURE, DE MANIÈRE QUE, A L'AIDE DU DESSIN EXÉCUTÉ D'APRÈS CET OBJET, CELUI-CI PUISSE ÊTRE REPRODUIT EN NATURE EN L'ABSENCE DE L'ORIGINAL.

C'est pour obtenir la preuve que les études sont dans la voie indiquée que les programmes de nos concours ont été conçus ; mais qu'on ne s'alarme pas ! Nous tiendrons compte de tous les efforts, et ceux d'entre les professeurs qui n'ont pas l'habitude du genre d'opérations complémentaires demandées, peuvent s'éclairer rapidement à ce sujet et guider fructueusement leurs élèves, en observant dans les traités d'architecture, voire de mécanique, les relevés en plan, en coupe et en géométral qu'ils comportent tous. Ils aideront ainsi ceux de leurs élèves qu'ils feront participer à nos concours, à la compréhension réelle des opérations de principes que réclament nos programmes, et leur participation à ces concours, n'eût-elle pour eux que ce résultat, ils leur rendront certainement un véritable service.

Concours des départements

LYCÉES ET COLLÉGES

(Art. 7. — 1º et 2º du règlement.)

Concours de copie d'après le relief.

Un fragment d'une corniche ou bandeau provenant de la Sainte-Chapelle de Paris (treizième siècle).

Les concurrents devront produire :

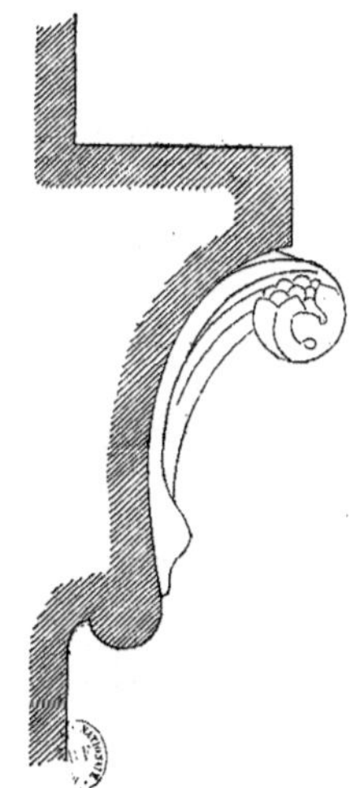

Exemple d'un profil en coupe d'une corniche ornée.

(Programme, art. 7. — §§ 1 e 2.)

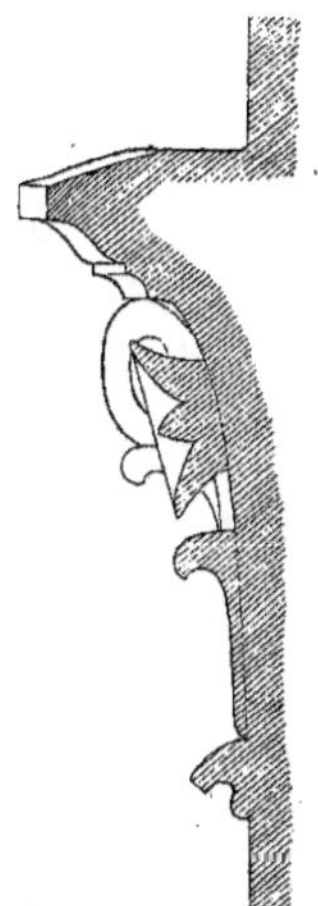

Exemple d'un profil en coupe d'un chapiteau de pilastre

(Programme, art. 7. — § 4.)

Exemples des diverses opérations complémentaires du concours de composition, plan, coupe et élévation d'un vase et de son soubassement.

Exemple de la coupe du vase.

Exemple d'un plan à terre du soubassement du vase.

Exemple de l'élévation géométrale
de la structure du soubassement de ce même
vase.

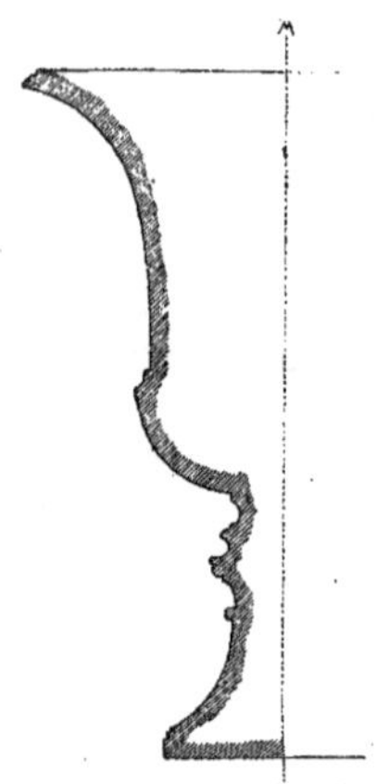

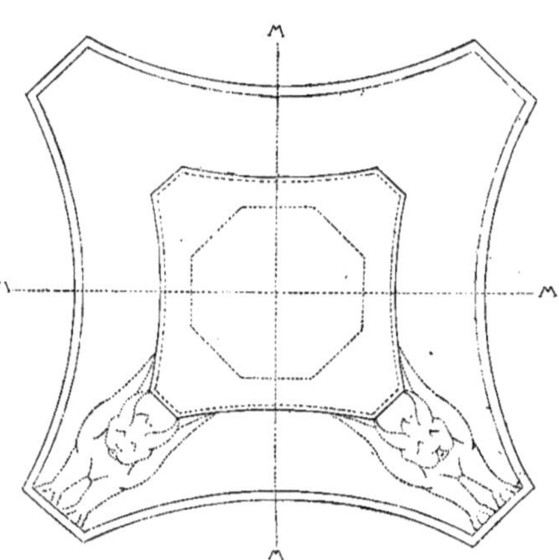

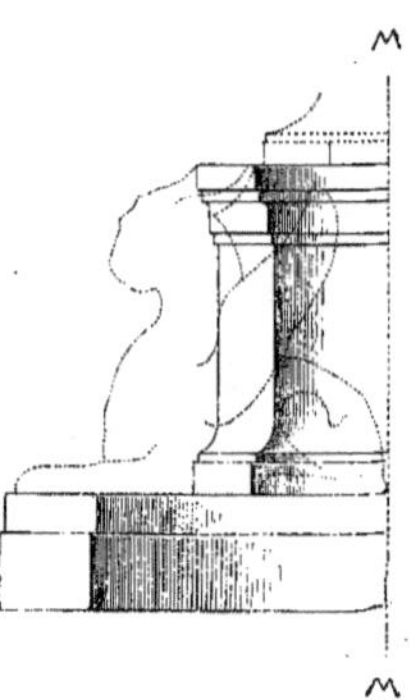

Vase antique provenant de la villa Albani

1° *Un dessin rendu à l'effet, exécuté aux trois quarts environ du modèle;*

2° *Un profil géométral de la corniche, exécuté au trait et au quart de la grandeur du modèle.*

Ces deux dessins devront être présentés sur la même feuille.

Pour faciliter l'intelligence de ce programme, nous ajoutons ci-après une feuille réduite contenant un exemple analogue de l'opération demandée. (N° 1.)

NOTA. — L'*Union centrale* pourra procurer ce modèle pour le prix de 1 fr. 50 à toute école qui s'engagera à concourir, et ce dans les délais indiqués.

ÉCOLES MUNICIPALES

(Art. 7. — 4° du règlement.)

Concours de copie d'après le relief.

Chapiteau d'un pilastre du tombeau de Louis XII, à l'église abbatiale de Saint-Denis (seizième siècle).

Les concurrents devront produire :

1° *Un dessin rendu à l'effet, exécuté aux cinq sixièmes environ du modèle;*

2° *Un profil géométral du chapiteau, exécuté au trait et à la moitié de la grandeur du modèle.*

Ces deux dessins devront être présentés sur la même feuille.

Pour faciliter l'intelligence de ce programme, nous ajoutons ci-après une feuille réduite contenant un exemple analogue de l'opération demandée. (N° 2.)

NOTA. — L'*Union centrale* pourra procurer un modèle pour le prix de 1 fr. 25 à toute école qui s'engagera à concourir, et ce dans les délais indiqués.

ÉCOLES MUNICIPALES DE DOUAI, LIMOGES, ETC.

(Art. 7. — 3° du règlement.)

Concours de composition : UN VASE A BOIRE.

Ce vase sera d'un usage religieux ou profane.

Ce vase avec pied, partie intégrante, sera exposé sur un piédestal en soubassement; s'il est orné d'anses, il posera sur un piédestal en hauteur.

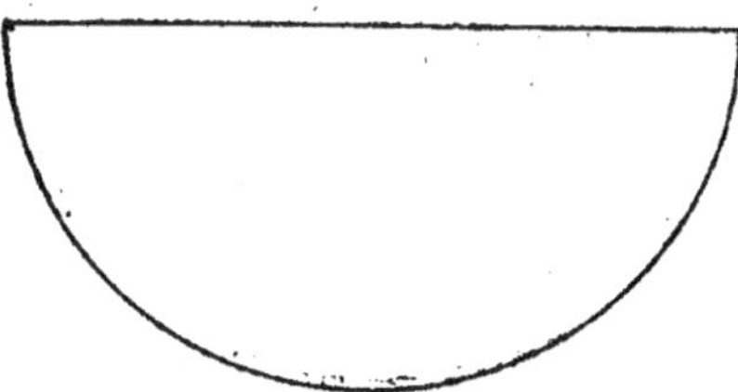

Tracé générique du cratère.

La forme donnée n'est qu'un tracé générique du cratère ou vase à boire des anciens et peut subir toutes les modifications que l'on jugera utiles, en observant toutefois qu'un vase à boire doit toujours être d'une certaine capacité.

L'ensemble aura le caractère général soit de somptuosité, soit de perfection, que comporte un objet décoratif.

Il est loisible à chacun d'employer les matériaux divers soit seuls, soit combinés, pierres dures, bronze, or ou argent, terre cuite, porcelaine ou verre, monochromes ou avec des émaux ou peintures.

Les concurrents présenteront leur dessin d'ensemble sous l'aspect géométral ou perspectif, selon qu'ils le jugeront à propos, dessiné grandeur d'exécution.

Dans le cas où le dessin d'ensemble serait perspectif, ils y devront joindre le profil géométral du vase.

Enfin le soubassement devra être l'objet des études complémentaires qui constituent le modèle d'exécution, c'est-à-dire le plan à terre et la représentation géométrale des surfaces et des profilés de la structure nue sans les détails décoratifs. Ces différentes opérations, faites à une même échelle au choix du concurrent, seront reproduites sur une feuille spéciale.

Pour faciliter l'intelligence de ce programme, nous insérons ci-joint une feuille réduite contenant des similaires des diverses opérations demandées. (N° 3.)

Le Président de la Sous-Commission,
A. RACINET.

Certifié conforme à la minute approuvée par la Commission consultative dans sa séance du 10 août 1875 :

Le Président de la Commission consultative,
A. LOUVRIER DE LAJOLAIS.

Le Secrétaire,
C. MINORET.

Vu et approuvé par la section de l'enseignement au Conseil d'administration :

Le Président de la section,
ALFRED-FIRMIN DIDOT.

Approuvé par le Conseil d'administration :

Le Président du Conseil,
ÉDOUARD ANDRÉ.

Le Secrétaire du Conseil,
ERNEST LEFÉBURE.